資料が語る「竹島問題」

佐々木　茂

目　次

附　録

はじめに

　この『資料が語る「竹島問題」』は、改訂された「学習指導要領」に初めて示された領土・主権に関する「竹島問題」の扱いについて、学校現場で担当される先生方に少しでもお役に立つ資・史料を提供できればと考え、ブックレット『知っておくべき竹島の真実』①〜④に続くシリーズの一冊として企画されました。

　また、島根県竹島資料室が編集した『竹島問題資料集　第二集　島根県所蔵行政文書一』（島根県総務部総務課）が二〇一一年（平成二十三）二月に発行されていますが、一般の方々への認知度はかならずしも高いとはいえない現状にあります。さらに、同書で見つかっている誤植等も散見されますので、ブックレットの一冊に加える機会に訂正を試みました。

　今回のブックレット『知っておくべき竹島の真実』のシリーズの一つとして企画するに当たって、「竹島問題」の論点として一般的に挙げられる①歴史的権原、②国際法上の権原、③第二次世界大戦後の処理の三点に関係する資・史料のうち、主に②について、島根県が所蔵する行政文書から「竹島問題」を見つめ直すことが本書の目的です。なかでも、特に「一九〇五年（明治三十八）の領土編入」・「領土編入後の実効支配の状況」についての資・史料に注目していただきたいと思っています。

国際法が専門の塚本孝氏は「我が国は、十七世紀に日本人がこの島において官許を得て漁猟活動を行った記録があり、正確な絵図も作成された。その後においてもこの島（松島と呼んだ）に関する知識が継承されていたことを示す文献も存在する。しかし、これらの〝歴史的権原〟は、それだけでは我が国の領有権を確立するに十分ではなく、もし、他国において（韓国であれ、第三国であれ）この島を占有し、実効的な占有（国家権能の平穏かつ継続した発現）を行う場合には、それが優先することになるはずであった。（中略）国際法上は無主地、あるいは、日本が歴史的権原を有し、よしんば韓国にも何らかの歴史的権原があったとしても、主権行使の実効性を伴った主張によって取って代わられる可能性のある地域であった」（「奥原碧雲竹島関係資料（奥原秀夫所蔵）をめぐって」（竹島問題研究会編『竹島問題に関する調査研究』最終報告書（平成十九年三月刊））としています。

塚本氏はさらに続けて、「我が国は、そのような法的地位にあった島について明治三十八（一九〇五）年一月の領土編入閣議決定によって民間人の所為を国家として追認するとともに当該島に対する領有意思を明確にし、その後も同島（このとき竹島と命名した）における海驢漁業の免許、県知事の視察、県部長を長とする調査団の派遣をはじめとして、継続的に行政権を行使した。これらの国家権能の発現は、国家の領有意思の表示でもあった」（塚本孝氏・前掲書）と述べています。

「竹島」について、日本による「実効支配」の事実、すなわち日本によって「主権が有効に行使されている状態＝主権の表示（国家の立法・司法・行政上の統治権の行使）が継続的かつ平穏になされていること」を裏付ける史料を、このブックレットで取り上げている島根県所蔵の行政文書の中から、直接に読み取っていただきたいと願っています。

二〇二一（令和三）年一月二十二日

佐々木　茂

凡例

一　資料の収録にあたっては、以下のように取り扱った。
一　漢字は原則として常用漢字とし、地名、人名については旧字体とした。
二　異体字、略字は正字に直した。
三　変体仮名はひらがなに改めたが、助詞の「江（え）」「者（は）」はそのままとした。
四　合字（「より」「こと」など）はひらがなもしくはカタカナに改めた。
五　誤字と思われる文字は（マヽ）と注記した。
六　抹消部分は該当文字をAAと表した。
七　虫損、破損等で判読できない文字は□で示した。
八　朱書、付箋、表紙等はその部分を「　」で括り、（朱書）等と傍注した。
九　本文には読点（、）を適宜加えた。
十　平出は原史料どおりとした。
十一　資料中の引用史料の文章の体裁については記載どおりとした。

【資料解説】

①『明治九年　地籍』

島根県には明治八年（一八七五）から昭和十五年（一九四〇）までの地籍編製に関する文書綴『地籍』が、百五十七冊残されている。本書に収録した文書は、三冊ある『明治九年　地籍』のうち二番目の分冊中にあり、「磯竹島一件」と朱書きの付箋が付いている。磯竹島は竹島とも称され現在の韓国の鬱陵島を指す。

内務省は国土の実態を把握するため、一時中断していた地籍調査を明治九年四月から開始した。島根県に派遣された内務省地理寮官員は隠岐の沖合にある竹島（鬱陵島）を、「地籍編製地方官心得書」（明治九年内務省達丙第三十五号）の第五条「島嶼ノ隔絶シテ其地勢ヲ確知セラレサルモノハ方位距離広狭等調査大略ノ目的ヲ立伺出ヘシ」に該当する島と考え、島根県に対し島に関する記録を調べ内務省へ伺いを立てるよう求めた。

収録した資料は島根県が内務省に提出する伺の稟議書である。島根県の伺には記述がないが、参考資料として載せた国立公文書館所蔵の『公文録』の記録によると発信者「県令佐藤信寛代理島根県参事境二郎」の名で内務卿大久保利通宛てに提出されている。文書の最後には明治十年四月九日付の内務卿からの指令が朱書されている。

『公文録』は島根県の伺を受けた内務省が、江戸時代の竹島（鬱陵島）に関する記録を調査し、更に島根県の伺い文を添えて太政官に伺いを立てた経緯を載せている。

②『明治十四年十五年　県治要領』

『県治要領』は島根県の行政上の大きな出来事を記録したものであり、明治四年（一八七一）から明治十八年までの事項が七冊の綴りに記録されている。収録した明治十五年一月三十一日の事項は、前年に島根県民が提出した「松島開墾願」に対する内務省の不受理の回答を記したものである。文書中の「松島」は鬱陵島を指している。

参考資料として収録した外務省外交史料館所蔵の『朝鮮国蔚陵島へ犯禁渡航ノ日本人ヲ引戻処分一件』と表題がつけられた文書には、この一月三十一日の事項に関連した詳しい記録が残されている。『県治要領』は「日本海内松島開墾ノ義」についての内務卿指令のみを記しているが、外務省の文書は島根県令境二郎が国に提出した伺と、伺を受け取った内務省が島根県に指令を出すにあたって外務省との間で行った文書の交換を記録している。この文書中で内務省と外務省は鬱陵島を「竹島松島」と表記している。

③『自明治三十四年至同三十八年（止） 令訓』

収録した明治三十八年（一九〇五）の文書は、隠岐島の沖合の島を竹島と命名し、島根県所属隠岐島司所管地とする旨を告示するよう指示した内務大臣訓令である。この訓令を受けて、島根県は明治三十八年二月二十二日島根県告示第四十号を公布した。

参考資料の『公文類聚』は、内務大臣訓令に先立つ閣議決定を記録している。

④『明治三十八年 島根県告示』

島根県告示は広く一般に向けて行う通知であり、明治三十八年（一九〇五）の島根県告示第四十号は、竹島が島根県所属の隠岐島司の管轄下に入ったことを知らせたものである。

この当時告示は県内の島庁、市役所、全郡役所、全町村役場に複数部配布され、一部は掲示場に掲示するきまりとなっており、県庁の他に県内三百四箇所の役場に掲示された。役場のほかには県内各地の警察、収税監獄関係の諸機関に配布された。現在、島根県告示第四十号は、六か町村のものが確認されている。島根県は告示公布の後、県域の北端を変更した。

⑤『明治三十八年　島根県令』（漁業取締規則）

島根県令は県知事が制定する規則であり、明治三十八年（一九〇五）の島根県令第十八号は明治三十五年に制定された「漁業取締規則」を改正したものである。竹島が島根県の所管地となったことを受けて、免許漁業の対象に竹島での海驢《あしか》漁業を追加した。参考資料として明治三十五年の「漁業取締規則」のうち関係の部分を載せた。

⑥『隠岐国周吉・穏地・海士・知夫郡官有地台帳』

島根県内の官有地を記録した文書綴は全部で三十七冊が保存されており、内二冊に隠岐国の官有地が記録されている。竹島についての記載はそのうちの一冊『隠岐国周吉穏地海士知夫郡官有地台帳』の最初の部分にある。島の位置と面積、隠岐島司所管地となった時期が記録されている。文書綴には明治三十八年（一九〇五）五月十七日に掲載された。

⑦『明治三十九年　島根県県令』（県税賦課規則）

島根県令第八号は、海驢漁業が収益を生み出すことから、新たに海驢漁の税高を決めて税目に加えたものである。

⑧『竹島』

一冊全体が竹島に関する文書の綴で、明治三十七年（一九〇四）から明治四十一年までの事項が記録されている。隠岐島庁の用紙に記された文書が多く、またそれらの文書の筆跡が同じであることから、何冊かの文書綴に綴り込まれていた竹島関係の書類をある時点で隠岐島庁が集め、一冊に整理したと推測される。

竹島は明治三十八年から隠岐島司を長官とする隠岐島庁の所管地だったが、大正十五（一九二六）年に隠岐島庁が郡役所とともに廃止されると、島根県隠岐支庁の所轄地となった。隠岐島庁時代の行政文書は昭和三十一（一九五六）年に、隠岐支庁から島根県庁に移管された。『竹島』もそうした経緯を経たものである。

『竹島』には、竹島が島根県の所管地と定まった経緯や竹島と名付けられた理由、竹島漁猟会社の設立、竹島での海驢漁猟の状況、知事の視察、島根県視察団の報告等を記した文書等四十四の文書が含まれる。この中から九つの文書を選んで掲載した。

文書中に記されている「りゃんこ（リヤンコ）島」は、現在の竹島の幕末明治期の通称であり、「りやんこ島編入幷ニ貸下願」は、外務省外交史料館所蔵文書『帝国版図関係雑件』にも同様の写が綴られている。

⑨ 竹島経営者中井養三郎氏立志傳

『竹島及鬱陵島』（明治四十年（一九〇七）刊）の著者としても知られている奥原碧雲（奥原福市。島根県八束郡秋鹿村尋常高等小学校長（当時））が執筆したもので、「碧雲原稿用紙」（一行二十四字見開き二十行）と印刷された原稿用紙十枚に書かれており、明治三十九年（一九〇六）五月に成ったものである。内容的には、中井養三郎の生い立ち、竹島での海驢漁業経営までの経過、領土編入と貸下願の提出についての経緯などについて、中井養三郎から直接聞き取りしてまとめられたと考えられ、詳細にわたって記載されている。類似資料にない情報が含まれており、「竹島問題」に関する貴重な資料となっている。現在、この資料は島根県竹島資料室に所蔵されている。

①（表紙）

明治九年　地理部

地籍

文書科

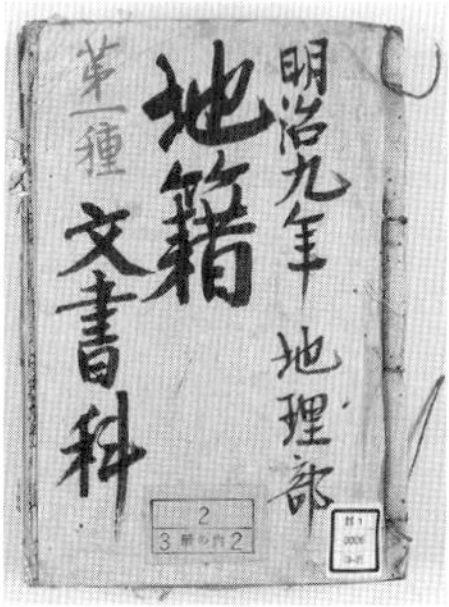

九年十月九日稟議

（付箋）
「磯竹島一件」

日本海内竹島外一島地籍編纂方伺

御省地理寮官員地籍編纂莅検之為本県巡回之砌、日本海中ニ在ル竹嶋調査之義ニ付、別紙乙第二十八号之通照会有之候処、本島ハ永禄中発見之由ニテ、故鳥取藩之時元和四年より元禄八年迄凡七拾八年間、同藩領内伯耆国米子町之商大谷九右衛門、村川市兵衛ナル者、旧幕府之許可ヲ経テ毎歳渡海、島中ノ動植物ヲ積帰リ、内地ニ売却致候者已ニ確証有之、今ニ古書旧状等持伝候ニ付、別紙原由之大略図面共相副不取肯致上申候、今回全島実検ノ上、委曲ヲ具へ記載可致之処、固より本県管轄ニ確定致候ニモ無之、且北海百余里ヲ懸隔シ線路モ不分明、尋常帆舞船等ノ能ク往返スヘキニ非ラサレハ、右大谷某、村川某カ伝記ニ就キ追テ詳細ヲ上申可致候、而シテ其大方ヲ推案スルニ、管内隠岐国ノ乾位ニ当リ、山陰一帯ノ西部ニ貫附スヘキ哉ニ相見候ニ付テハ本県国図ニ記載シ、地籍ニ編入スル等之儀ハ如何取計可然ル哉、何分之御指令相伺候也

長官代理

九年十月十六日　次官

内務省宛

磯竹島、一ニ竹島ト称ス、隠岐国ノ乾位一百二拾里許ニ在リ、周回凡十里許、山峻嶮ニシテ平地少シ、川三條アリ、又瀑布アリ、然レトモ深谷幽邃樹竹稠密、其源ヲ知ル能ハス、唯眼ニ触レ其多キ者植物ニハ、五鬣松　紫栴檀　黄蘗　椿　樫　柊　桐　雁皮　栂　竹　マノ竹　胡　蘿蔔　蒜　欵冬　蘘荷　独活　百合　牛蒡　茱萸　覆盆子　虎杖　アヲキバ　動物ニハ海鹿　猫　鼠　山雀　鳩　鴨　鶸　皃　鵜　燕　鷲　鵰　鷹　ナヂコ　アナ鳥　四十雀ノ類　其他辰砂岩緑青アルヲ見ル、魚貝ハ枚挙ニ暇アラ

ズ、就中、海鹿、鮑ヲ物産ノ最トス、鮑ヲ獲ルニ、夕ニ竹ヲ海ニ投シ、朝ニコレヲ上レハ鮑枝葉ニ著クモノ夥シ、其味絶倫ナリト、又海鹿一頭能ク数斗ノ油ヲ得ヘシ、次ニ一嶋アリ、松島ト呼フ、周回三十町許、竹島ト同一線路ニ在リ、隠岐ヲ距ル八拾里許、樹竹稀ナリ、亦鳥獣ヲ産ス、永禄中伯耆国会見郡米子町商大屋（後大谷ト改ム）甚吉航シテ越後ヨリ帰リ颶風ニ遇フテ此地ニ漂流ス、遂ニ全島ヲ巡視シ頗ル魚貝ニ富ムルヲ識リ、帰国ノ日検使安倍四郎五郎（時ニ幕命ニ因リ米子城ニ居ル）ニ彼赴（ママ）ヲ申出シ、以後渡海セント請フ、安倍氏江戸ニ紹介シテ許可書ヲ得タリ、実ニ元和四年五月十六日ナリ

従伯耆国米子竹嶋、先年船相渡
之由候、然レ者如其今度致渡海度
之段、米子町人村川市兵衛、大
屋甚吉方申上付テ達上聞候之
処、不可有異義之旨被仰出
間、被得其意渡海之義可被仰
付候、恐々謹言

永井信濃守　尚政

五月十六日　井上主計頭　正就

土井大炊頭　利勝

酒井雅楽頭　忠世

松平新太郎殿

当時米子同町ニ村川市兵衛ナル者アリ、大屋氏ト同シク安倍氏ノ懇親ヲ得ルカ故ニ両家ニ命セラル、然レトモ本島ノ発見ハ大屋氏ニ係ル、此ヨリ毎歳間断ナク渡海漁猟セリ、幕府遠隔ノ地本邦版図内ニ入ルヲ称シ船旗等ヲ与ヘ、殊トニ登営謁見セシメ、屡葵章ノ服ヲ給ス、後甚吉島中ニ没ス 墳墓今尚存スト云フ 元禄七年甲戌ニ至リ朝鮮人上陸スル者若干ナリ、其情測ル可ラス、且船中人数ノ寡少ナルヲ以テ帰リ是ヲ訴フ、明年幕命ヲ得、武器ヲ載セテ到レハ其人恐レテ遁レ去ル、残ル者二人 アヒチャン トラエイ アリ、即チ捕縛シテ帰ル、命アリ、江戸ニ致シ本土ニ送還ス、同年彼ノ国ヨリ、竹島ハ朝鮮ニ近接ナルヲ以、頻ニ此地ニ属センコトヲ請フ、幕府議シテ日本管内タルヘキノ証書ヲ上ラハ、以後朝鮮ニ漁猟ノ権ヲ与フ可キノ命アリ、彼国此ヲ奉ス、此ニ因テ同九年丙子正月渡海ヲ禁製セラル

先年松平新太郎、因州伯州領知之節相窺之、伯州米子之町人村川市兵衛、大屋甚吉竹島へ渡海、至于今雖致漁候、向後竹嶋へ渡海之義製禁可申付上被仰出之由可被存其赴《ママ》候、恐々謹言

正月廿八日

土屋相模守
戸田山城守
阿倍豊後守
大久保加賀守

松平伯耆守殿

元和四年丁巳ヨリ元禄八年乙亥ニ至リ凡七十八年ナリ、因ニ云フ、隠岐国穏地郡南方村字福浦ノ弁才天女社ハ当時大谷村川両家海波平穏祈祀ノ為ニ建立スル所ナリ、今ニ至リテ本社修繕ヲ加フルニ当レハ、必ス之ヲ両家ニ告ク相伝フ、当時柳澤氏ノ変アリ、幕府外事ヲ省ルコト能ハス、遂ニ爰ニ至ルト云フ、今大谷氏伝フ所、享保年間ノ製図ヲ縮写シ是ヲ附ス、尚

両家所蔵ノ古文書等ハ他日謄写ノ成ヲ俟テ全備セントス

（朱書）「書面竹島外一島之儀者、本邦関係無之儀ト可相心得事

内務卿大久保利通代理

明治十年四月九日　内務少輔　前島　密」

（朱書）「乙第二十八号」

御管轄内隠岐国某方ニ当テ、従来竹嶋ト相唱候孤島有之哉ニ相聞、固ヨリ旧鳥取藩商船往復シ線路モ有之赴《ママ》、右者口演ヲ以調査方及御協議置候義モ有之、加ルニ地籍編製地方官心得書第五条ノ旨モ有之候得共、尚為念及御協議候条、右五条ニ照準而テ旧記古図等御取調、本省へ御伺相成度、此段及御照会候也

明治九年十月五日　地理寮十二等出仕

田尻賢信

地理大属

杉山栄蔵

島根県

地籍編製係御中

（袋表紙）「磯竹島略図」

①磯竹島略図

②隠岐　島後　福浦

③隠岐島後福浦ヨリ松島ニ距ル

乾位　八十里許

④松島　舟掘バ

⑤松島ヨリ磯竹島ニ距ル

乾位　四十里許

⑥

〔島の外部の記載〕「浜田浦」から反時計回りに、「大坂浦」・「鮑浦」・「北浦」・「柳浦」・「北国浦」・「竹カ浦」

※浦と浦の間に距離の書き入れあり。

鮑浦の北東に小島があり、「マノ島」と記載

〔島の内部の記載〕「磯竹島」、「唐舟カ鼻」、「鉄砲バ」

（3か所）、建物の形7個。

⑦磯竹島ヨリ朝鮮国ヲ遠望スル西戌ニ当テ

海上凡五十里許

⑧朝鮮国

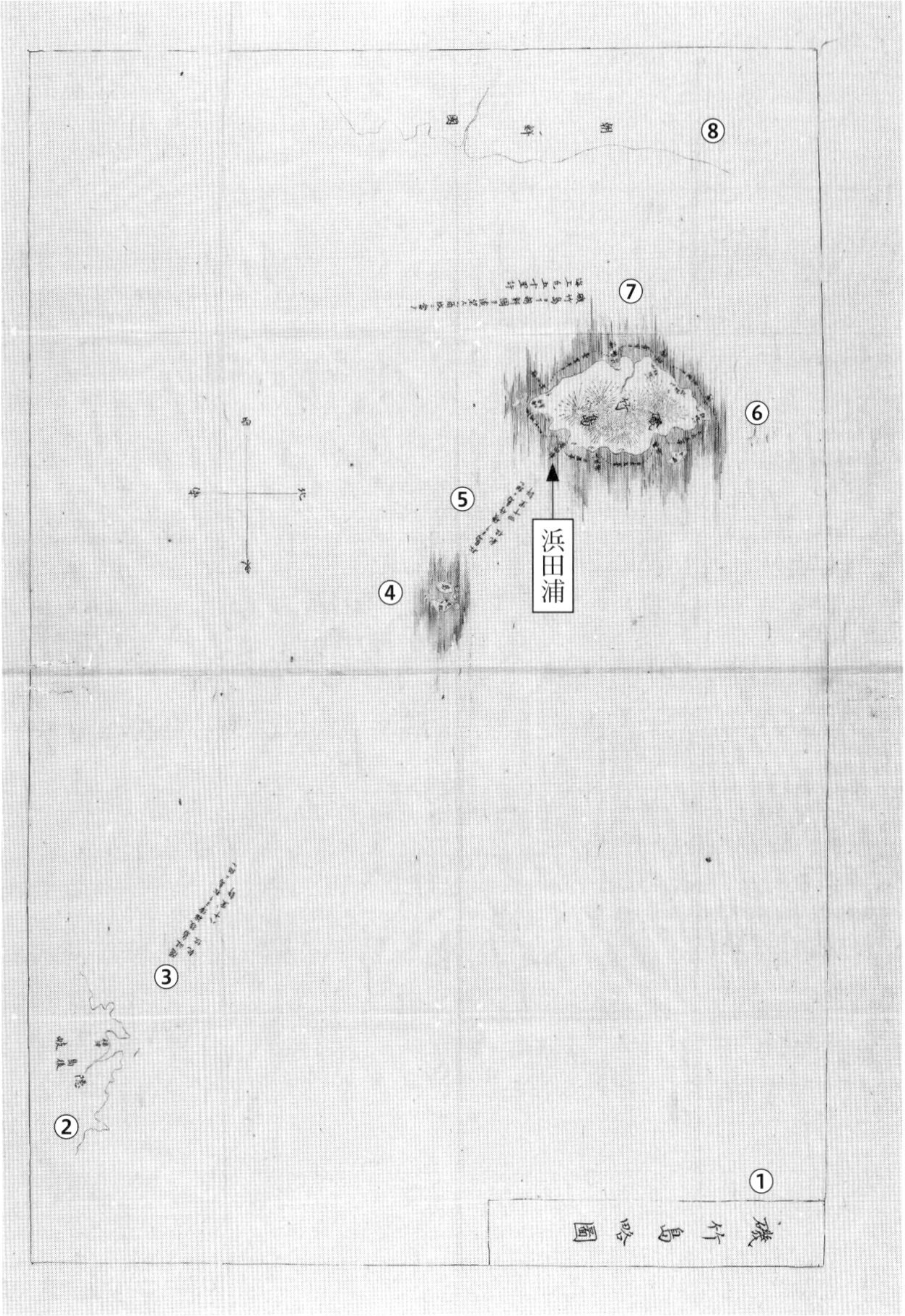

⑧
⑦
⑥
⑤
浜田浦
④
③
②
①
磯竹島略圖

参考資料

（表紙）

明治十年三月
公文録
内務省之部　一

（国立公文書館所蔵）

（朱書）「立案第二十号」　　同廿七日来　（朱印）「牟田口」

明治十年三月廿日

大臣（朱印）「岩倉」　　本局（朱印）「土方」（朱印）「厳谷」

参議（朱印）「大隈」（朱印）「寺島宗則」（朱印）「大木」

卿輔

別紙内務省伺日本海内竹島外一島地籍編纂之件、右ハ元禄五年朝鮮人入島以来、旧政府該国ト往復之末、遂ニ本邦関係無之相聞候段申立候上ハ、伺之趣御聞置、左之通御指令相成

可然哉、此段相伺候也

御指令按

（朱書）「伺之趣」

書面竹島外一島之義、本邦関係無之義ト可相心得事

（朱書）「明治十年三月廿九日」

日本海内竹島外一島地籍編纂方伺

御省地理寮官員地籍編纂莅検之為本県巡回之砌、日本海中ニ在ル竹島調査之儀ニ付、別紙乙第二十八号之通照会有之候処、本島ハ永禄中発見之由ニテ、故鳥取藩之時元和四年ヨリ元禄八年マテ凡七十八年間、同藩領内伯耆国米子町之商大谷九右衛門、村川市兵衛ナル者、旧幕府ノ許可ヲ経テ毎歳渡海島中ノ動植物ヲ積帰リ、内地ニ売却致シ候ハ已ニ確証有之、今ニ古書旧状等持伝候ニ付、別紙原由之大略図面共相副不取肯致上申候、今回全島実検之上、委曲ヲ具へ記載可致之処、固ヨリ本県管轄ニ確定致候ニモ無之、且北海百余里ヲ懸隔シ線路モ不分明、尋常帆舞船等ノ能ク往返スヘキニ非ラサレハ、右大谷某、村川某カ伝記ニ就キ追テ詳細ヲ上申可致候、而シテ其大方ヲ推案スルニ、管内隠岐国ノ乾位ニ当リ、山

陰一帯之西部ニ貫附スヘキ哉ニ相見候ニ付テハ、本県国図ニ記載シ、地籍ニ編入スル等之儀ハ如何取計可然哉、何分之御指令相伺候也

明治九年十月十六日

県令佐藤信寛代理

島根県参事　境二郎

内務卿大久保利通殿

（付箋・朱書）「乙第弐拾八号」

御管轄内隠岐国某方ニ当テ、従来竹島ト相唱候孤島有之哉ニ相聞、固ヨリ旧鳥取藩商船往復之線路モ有之趣、右ハ口演ヲ以テ調査方及御協議置候儀モ有之、加フルニ地籍編製地方官心得書第五条ノ旨モ有之候得共、尚為念及御協議候条、右五条ニ照準、而テ旧記古図等御取調、本省江御伺相成度、此段及御照会候也

明治九年十月五日

地理寮十二等出仕　田尻賢信

地理大属　杉山栄蔵

島根県

地籍編製係御中

磯竹島、一ニ竹島ト称ス、隠岐国ノ乾位一百二拾里許ニ在リ、周回凡十里許、山峻嶮ニシテ平地少シ、川三條アリ、又瀑布アリ、然レトモ深谷幽邃樹竹稠密、其源ヲ知ル能ハス、唯眼ニ触レ其多キ者植物ニハ、五鬣松　紫栴檀　黄蘗　椿　樫　柊　桐　雁皮　栂　竹　マノ竹　胡　蘿　蔔　蒜　欵冬　蘘荷　独活　百合　午房　茱萸　覆盆子　虎杖　アヲキバ　動物ニハ海鹿　猫　鼠　山雀　鳩　鴨　鶵　鳧　鵜　燕　鷲　鵰　鷹　ナヂコ　アナ鳥　四十雀ノ類　其他辰砂岩緑青アルヲ見ル、魚貝ハ枚挙ニ暇アラス、就中、海鹿、鮑ヲ物産ノ最トス、鮑ヲ獲ルニ、夕ニ竹ヲ海ニ投シ、朝ニコレヲ上レハ鮑枝葉ニ著クモノ夥シ、其味絶倫ナリト、又海鹿一頭能ク数斗ノ油ヲ得ヘシ、次ニ一島アリ、松島ト呼フ、周回三十町許、竹島ト同一線路ニ在リ、隠岐ヲ距ル八拾里許、樹竹稀ナリ、亦魚獣ヲ産ス、永禄中伯耆国会見郡米子町商大屋（後大谷ト改ム）甚吉航シテ越後ヨリ帰リ颶風ニ遇フテ此地ニ漂流ス、遂ニ全島ヲ巡視シ頗ル魚貝ニ富ルヲ識リ、帰国ノ日検使安倍四郎五郎（時ニ幕命ニ因リ米子城ニ居ル）ニ彼趣ヲ申出シ、以後渡海セント請フ、安倍氏江戸ニ紹介シテ許可ノ書ヲ得タリ、実ニ元和四年五月十六日ナリ

従伯耆国米子竹島、先年船相渡之由
候、然者如其今度致渡海度之段、米子
町人村川市兵衛、大屋甚吉申上付テ
達上聞候之処、不可有異儀之旨被仰
出間、被得其意渡海之儀可被仰付候
恐々謹言

永井信濃守　尚政
五月十六日　井上主計頭　正就
土井大炊頭　利勝
酒井雅楽頭　忠世

松平新太郎殿

当時米子同町ニ村川市兵衛ナル者アリ、大屋氏ト同シク安倍氏ノ懇親ヲ得ルカ故ニ両家ニ命セラル、然レトモ本島ノ発見ハ大屋氏ニ係ル、此ヨリ毎歳間断ナク渡海漁猟セリ、幕府遠陬ノ地本邦版図内ニ入ルヲ称シ、船旗等ヲ与ヘ、殊ニ登営謁見セシメ、屡葵章ノ服ヲ給ス、後甚吉島中ニ没ス墳墓今尚存ストニフ　元禄七年甲戌ニ至リ朝鮮人上陸スル者若干ナリ、其情測ル可ラス、且船中人数ノ寡少ナルヲ以テ帰リ是ヲ訴フ、明年幕命ヲ得、武器ヲ載セテ到レハ其人恐レテ遁レ去ル、残ル者二人アヒチャン　トラエイアリ、即チ捕縛シテ帰ル、命アリ、江戸ニ致シ本土ニ送還ス、同年彼国ヨリ、竹島ハ朝鮮ニ接近ナルヲ以、頻ニ其地ニ属センコトヲ請フ、幕府議シテ日本管内タルヘキノ証書ヲ上ラハ、以後朝鮮ニ漁猟ノ権ヲ与フ可キノ命アリ、彼国此ヲ奉ス、此ニ因テ同九年丙子正月渡海ヲ禁制セラル

先年松平新太郎、因州伯州領知之節
相窺之、伯州米子之町人村川市兵衛、
大屋甚吉竹島へ渡海、至于今雖致漁
候、向後竹島へ渡海之儀制禁可申付
旨被仰出之由可被存其趣候、恐々
謹言

正月廿八日
土屋相模守
戸田山城守
阿部豊後守

大久保加賀守

松平伯耆守殿

元和四年丁巳ヨリ元禄八年乙亥ニ至テ凡七十八年ナリ、因ニ云フ隠岐国穏地郡南方村字福浦ノ弁才天女社ハ当時大谷村川両家海波平穏祈祀ノ為ニ建立スル所ナリ、今ニ至テ本社修繕ヲ加フルニ当レハ、必ス之ヲ両家ニ告ク相伝フ、当時柳澤氏ノ変アリ、幕府外事ヲ省ルコト能ハス、遂ニ爰ニ至ルト云フ、今大谷氏伝フ所、享保年間ノ製図ヲ縮写シ是ヲ附ス、尚両家所蔵ノ古文書等ハ他日謄写ノ成ルヲ俟テ全備セントス

（付箋）「一号」

丙子元禄九年正月二十八日

天龍院公御登城御暇御拝領被遊候上、於御白書院御老中御四人御列座ニ而、戸田山城守様竹島之儀ニ付御覚書壱通御渡被成、先年以来伯州米子之町人両人竹島江罷越致漁候処、朝鮮人モ彼島江参致漁、日本人入交リ無益之事ニ候間、向後米子之町人渡海之儀被差留候と之御儀被仰渡候也

同是ヨリ前正月九日、三澤吉左衛門方ヨリ直右衛門儀

御用ニ付罷出候様ニと之儀ニ付参上仕候処、豊後守様御逢被成、御直ニ被仰聞候者、竹島之儀中間衆出羽守殿右京太夫殿へも遂内談候、竹島元しかと不相知事ニ候、伯耆ヨリ渡り漁いたし来候由ニ付、松平伯耆守殿へ相尋候処、因幡伯耆へ附属と申ニ而も無之候、米子町人両人先年之通り船相渡度之由、願出候故、其時之領主松平新太郎殿ヨリ案内有之、如以前渡海仕候様ニ新太郎殿へ以奉書申遣候、酒井雅楽頭殿、土井大炊頭殿井上主計頭殿、永井信濃守殿、連判ニ候故考見候得ハ、大形台徳院様御代ニ而茂可有之哉と存候、先年と有之候得共年数ハ不相知候、右之首尾ニ而罷渡り漁仕来候迄ニ而、朝鮮之島ヲ日本へ取候と申ニ而も無之、日本人居住不仕候、道程之儀相尋候得者、伯耆ヨリハ百六拾里程有之、朝鮮へ者四十里程有之由ニ候、然者、朝鮮国ノ蔚陵島ニ而も可有之候哉、夫共ニ日本人居住仕候歟、此方江取候島ニ候ハヽ、今更遣しかたき事ニ候得共、左様之証拠等も無之候間、此方ヨリ構不申候様ニ被成如何可有之哉、又者対馬守殿ヨリ蔚陵島与書入候儀差除返簡仕候様被仰遣返事無之内、対馬殿死去ニ候故、右之返簡彼国江差置たる由ニ候、左候得者刑部殿より蔚陵島之儀被仰越候ニ及中間敷歟、又ハ兎角竹島之儀ニ付一通り刑部殿ヨリ書翰ニ而も可被差越と思召候哉、右三様之御了簡被成思召寄委可被仰聞候、蚫取ニ参り候迄ニ而無益島ニ候処、此儀むすほヽれ年来之通交絶申候モ如何ニ候、御威光或者武威ヲ以申勝ニいたし候而も、筋もなき事申募り候儀ハ不入事ニ候、竹島之儀元しかと不仕事ニ候、例年不参候異国人罷渡候故、重而不罷越候様ニ被申渡候様ニと、相模守殿より被申渡候、元ばつといたしたる事ニ候、無益之儀ニ事おもくれ候ても如何ニ存候、刑部殿ニハ御律儀ニ候間始如此申置候処、今更ケ様ニ者被申間敷与之御遠慮も可有之歟と存候、其段ハ少も不苦候、我等宜様ニ了簡可仕候間、思召之通り無遠慮可被仰聞候、其方達も存寄無遠慮可被申候、同し事を幾度も申進候段くどき様ニ存候得共、異国江申遣候事ニ候故、度々存寄申遣候間、思召寄幾度も被仰聞候様ニと存候御事繁内ニ候故、今少し筋道をも付候上ニ而達上聞可申と存候、右申渡候口上之趣其方覚之為ニ書付遣候と之御事ニ而、御覚書御直ニ御渡被成候故、請取拝見仕候而、只今之御意之趣有増落着申候様ニ奉存候、左候ハヽ、以来日本人者彼島江御渡被遊間敷と之思召ニ候哉と伺申候得者、如何ニも其通ニ候、重而日本人不罷渡候様ニと思召候由御意被成候故、竹島之儀返し被遣候と申、手ニ葉ニ而も無御座候哉と申上候得者、其段も其通りニ候、元取候島ニ而無之候上ハ返し候と申筋ニ而も無之候、此方ヨリ構不申以前ニ候、此方ヨリ誤りニ而候共不被申事ニ候、右被仰遣候趣とハ少しくい違候得とも、事おもくれ可申より少しハくひ違ひ候とも、軽く相済申候方宜候間、此段御了簡被成候様ニと之

御事故、とくと落着申候、罷帰り刑部大輔へ可申聞よし申上候而退座仕ル

(付箋)
「二号」

先-太-守因テ二竹島ノ事ニ一遣ス二使ヲ於
貴-国ニ一者ノ両度使事未タレ了ラ不幸ニシテ早世由レ是ニ召二還ス使人ヲ一不シテレ日アラ上ルレ船ニ
入テ
観スルノ之時
問テ及フ二竹島ノ地状方向ニ一拠テレ実ニ具ニ対フ因テ以テ下其ノ去ルコト二
本邦ヲ一太タ遠クシテ而去ルコト二
貴国ヲ一却テ近キヲ上恐クハ両地ノ人殺雑シテ必ス有下ンコトヲ潜カニ通スル二私市ヲ一等ノ弊ヘ上随テ即チ下シ
レ令ヲ永ク不レ許サ下人ノ往ヲ漁採スルヲ上夫レ釁隙ハ生シ二於細微ヨリ一禍患ハ興ルコト二於下賤ヨリ一古今ノ
通病慮ルニ寧ロ勿ンヤレ預メスルコト是以テ百年之好偏ヘニ欲メ二弥篤ンコトヲ一而一島之微遂ニ
両邦ノ之美事ニ一乎茲ニ念フ
付スルニ不レルレ較ヘ豈ニ非ヤ二
南宮応ニキ四慇懃修メレ書ヲ使メ三レ本州ヲ代伝ヘ二

盛謝ヲ一爾《ノミ》訳使俟テ二回棹之日ヲ一口伸シテ　毋レレ遣スコト

(付箋)「三号」

朝鮮国礼曹参議李　善溥　奉二書ス

日本国対馬州刑部大輔拾遺平公ノ　閣下ニ一

春日暄和緬ユ惟ルニ

動静弥毖嚮慰無シレ己コト頃ロ因テ下訳使ノ回ルニ上レ自リ二

貴州一細ニ伝フ二

左右面托ノ之言ヲ一備ニ悉スレ委折ヲ矣鬱陵島ノ之為ル二我地一輿図ニ所レ載スル文

跡照然トシテ無シテレ論コト二彼ニ遠シテ此ニ近キコトヲ一彊界自ラ別ル

貴州既ニ知ルコトハ三鬱島ト輿レ竹島為タルコトヲ二一島ニシテ而二一名一則其ノ名雖ヘトモレ異シト其ノ為ルコトハレ我カ

地則一也

貴国下シテレ令ヲ永不レ許二人往テ漁採スルコトヲ一

辞意丁寧可キコトレ保ツ二久遠ヲ一無レ他良幸良幸我カ

国モ亦タ当ニシ丁分二付シテ官吏ニ一以レ時ヲ検察シテ俾ム丙レ絶乙両地ノ人往来殽雑ノ之弊ヲ甲矣昨

年漂氓ノ事浜海ノ之人率ネ以テ二舟楫ヲ一為レ業ト飄風猋忽トシテ易クレ及ヒ二飄盪ニ一以テ
至ル下冒二越シテ重溟ヲ一転シ入ルニ中
貴国ニ上豈ニ可ンヤ二以テレ此ヲ有ル一レ所レ致ス下疑ヲ於違フテ二定約一而由ルニ中他路ニ上乎若二其ノ呈書ノ一誠ニ
有リ二妄作ノ之罪一故ニ已ニ施テ二幽殛之典ヲ一以テ為為二懲戢ノ之地ト一另ニ勅シテ二沿海ニ一
申二明シ禁令ヲ一矣益〻務メテ二誠信ヲ一以テ全シ二大体ヲ一更ニ勿ンハレ生スルコト二事ヲ於邊疆ニ一庸テ非ヤ下
彼此ノ之所ノ二大願フ一者ニ上耶
左右既ニ有リ三
面二言スルコト於訳使ニ一而然レトモ且ツ無シ下一介行李ノ奉シテ二
書契ヲ一以テ来ル者ノ上似タリ丁是レ
左右深ク
念テ二旧約ヲ一不ルニ丙レ欲セ乙規外送ルノレ差ヲ之
意ヲ甲故ニ先ツ此ニ修メレ牘ヲ展二布シテ多少ヲ一送リ二于莱館使シテム下レ之ヲ転致サ上統テ希クハ
諒炤セヨ不宣
戊寅年三月　日
礼曹参議李　善溥

（付箋）
「四号」

日本国対馬州刑部大輔拾遺平　義真　奉二復ス
朝鮮国礼-曹大人ノ閣-下ニ一
向ニ領シ二
華械ヲ一憑テ審ニス
貴国穆清嘔喩倍スレ恒ニ承ケテ
レ諭ヲ前年
象官超ルレ溟之旧面二陳ス竹島ノ之一件ヲ一繇チレ是ニ
左右克ク諒シ二情由ヲ一
示スニ以ス下
両国永ク通シ二交誼ヲ一益く懋ムルコトヲ中誠信ヲ上矣至幸至幸
示意即チ已ニ啓二達シ
東武ニ二了ル故ニ今マ修メレ牘ヲ略く布ク二余蘊ヲ一附シテ在リ二館司ノ舌頭ニ一時維レ春寒更希ク
加愛セヨ総惟ルニ

監察セヨ不宜

元禄十二年己卯正月　日

対馬州刑部大輔拾遺平　義真

口上之覚

一　竹島之儀ニ付数年来何角与被申通候処、存之外公儀へ能被聞召分候而宜被仰付候故、其段訳官ニ被申渡候処、御聞届候ニ而御書簡被差渡候、御書面不宜候得共、刑部大輔殿御心ヲ被尽候而首尾好相済、今度返翰被差渡候、竹島之一款此度ニ而無残所相済、朝鮮国之御望之通ニ相済、両国之大幸此事ニ候、元来竹島之儀貴国ヨリ数年被捨置、其上段々不念成儀有之故八十四（余）年日本人渡り来リ候故、先年因州之者貴国之漁民を召捕罷帰東武へ申上候ニ付、貴国之漁民重而不罷渡様ニ可申遣之旨被仰出候、依之先対馬守殿ヨリ以使者申達候、其御返翰ニ被得其意候、竹島へ罷越候段不届ニ候故則罪科ニ申付候以来之儀迄堅申付候と之御返翰ニ候得共、紛敷御文章有之故、其侭差置候而者以来又出入可有之事之端と存候故、再使者差渡候処、其後者右之御書面と振替り、日本人犯越侵渉仕候間不被渡候様ニ可申付之旨

御認被差下候上、対州へも不申越候而、使者存寄之趣申達候而、御返翰受取不申之内、不幸ニ而対馬守殿被相果候故、使者其侭帰国仕候、乍然竹島之儀貴国之欝陵島ニ紛無之様ニ承及候通具ニ申聞候ニ付、幸刑部大輔殿参府被仕候時節故、於東武被申上候ハ竹島之儀朝鮮国より数年捨置、其後御届可申時分も度々不念仕候故、おのづと日本之属島之様ニ成来候故被仰越候段ハ、御尤千万ニ奉存候得共、元来朝鮮国之地ニ紛無之輿地図ニも慥ニ有之候、誠信を以通交仕事ニ候間、此段御聞分被遊、日本人渡海被差止被下候ハ御誠信之至と別而忝可奉存由、内々私迄願被申候通、礼儀正しく誠を以御老中迄被申上候得ハ、則達上聞被聞召分候而、夫程ニ被申事ニ候ハ隣交之好ニ候間、向後日本人渡海を可被差留由被仰出候、幸訳官招可申由申上置候故、訳官罷渡候節、右之趣面談ニ而委細可申渡候旨御差図故、先年訳官へ口上ニ而申達候、然上ハ今度ハ厚く御礼も可有之と存候処、可保久遠無他良幸々々と迄ニ而御礼之心モ無之、御文章不宜候而、御不誠信成御仕形と存候、貴国被欠検点候上御不念多候処、手前を被顧候心ハ曽而無之、剰非をも飾殊被仰越候趣も前後之主意も違ひ、一々首尾不都合ニ候、此段真直ニ被申上候ハヽ、不首尾成のミならす事茂調不申、其上以来迄東武之思召も悪敷、朝鮮国の御為行々宜間敷候得共、刑部大輔殿役目之事ニ候故、東武へハ礼を尽し、誠を以朝鮮国ヨリの被申分尤と被思召候様ニ、色々御心を被尽候而被仰上候故、首尾好相済、貴国ニハ御心遣も無之、竹島国籍ニ帰し申候段、偏ニ刑部大輔殿隣交之間ニ御心を被尽候故ニ而候、今度之儀朝鮮国之被成掛、又者被仰越様理ニ当り候ニ付、相済候与思召候テハ、以来迄之御了簡違ニ可被成候、一々ニハ不申候得共、御存之事ニ候間、跡先得と御思慮被成候ハヽ、御得心可被成候

一　御書簡之内ニ竹島之儀首尾好被仰出候段、以使者可申遣儀ニ候処、訳官へ申含遣候段約條之外ニ使者遣間敷と之了簡ニ而可有之由被仰聞候、公儀より為《ママ》被仰出事ニ候故、以使者可申越事と思召段御尤ニ存候、被仰聞候通り、公儀より被仰出儀ハ何とても態使者を以参判江申達候例ニ而候得とも、右之通兼テ訳官相招可申之由被申上置候故、幸訳官招可申之由ニ候、左候ハヽ、其節訳官へ面談ニ而申含候得者、以使者申渡候同前ニ聢と仕たる事と
東武ニ者被思召候而其通被仰付候、依之任御差図訳官へ口上ニ而申含候、歳條之外ニ使者遣間敷与之心入ニ而者無之候、用事有之節ハ使者遣不申候而不叶事ニ候、此段も御了簡とハ相違仕候間以来之為と存、是又申入置候、左様御心得可被成候

右之條々最早首尾好事済申たる上ニ、又々申達候段不入事之様ニ候得共、我等役目

ニ付、最初ヨリ両国思召入之様子具ニ見聞仕候処、貴国之御心入と対州之心入とくひ違ひ有之候故、以来共ニ御了簡違等候而者、幾久敷不申通候而不叶事候処、左候而者大切ニ被存候、以後之為ニ候間、我等存候通之訳能々東莱迄申届、朝廷方へも慥ニ転達仕候様ニと被申越候故如此ニ候、以上

（朱書）
「島地第六百六十四号」

日本海内竹島外一島地籍編纂方伺

竹島所轄之儀ニ付、島根県ヨリ別紙伺出取調候処、該島之儀ハ元禄五年朝鮮人入島以来、別紙書類ニ摘採スル如ク、元禄九年正月第一号旧政府評議之旨意ニ依リ、二号訳官へ達書、三号該国来柬、四号本邦回答及ヒ口上書等之如ク、則元禄十二年ニ至リ夫々往復相済、本邦関係無之相聞候得共、版図ノ取捨ハ重大之事件ニ付、別紙書類相添為念此段相伺候也

内務卿大久保利通代理

明治十年三月十七日

内務少輔　前島 密

右大臣岩倉具視殿

（朱書）「伺之趣竹島外一島之儀、本邦関係無之儀ト可相心得事
明治十年三月廿九日」

（袋表紙）「磯竹島略図」

①磯竹島略図

②隠岐　島後　福浦

③隠岐島後福浦ヨリ松島ニ距ル
乾位　八十里許

④松島　舟据ハ

⑤松島ヨリ磯竹島ニ距ル
乾位　四十里許

⑥
〔島の外部の記載〕「浜田浦」から反時計回りに、「大坂浦」・「蚫浦」・「北浦」・「柳浦」・「北国浦」・「竹ヵ浦」
※浦と浦の間に距離の書き入れあり。
蚫浦の北東に小島があり、「マノ島」と記載
〔島の内部の記載〕「磯竹島」、「唐舟ヵ鼻」、「鉄砲バ」
（4か所）、建物の形8個。

⑦磯竹島ヨリ朝鮮国ヲ遠望スル酉戌ニ当テ
海上凡五十里許

⑧朝鮮国

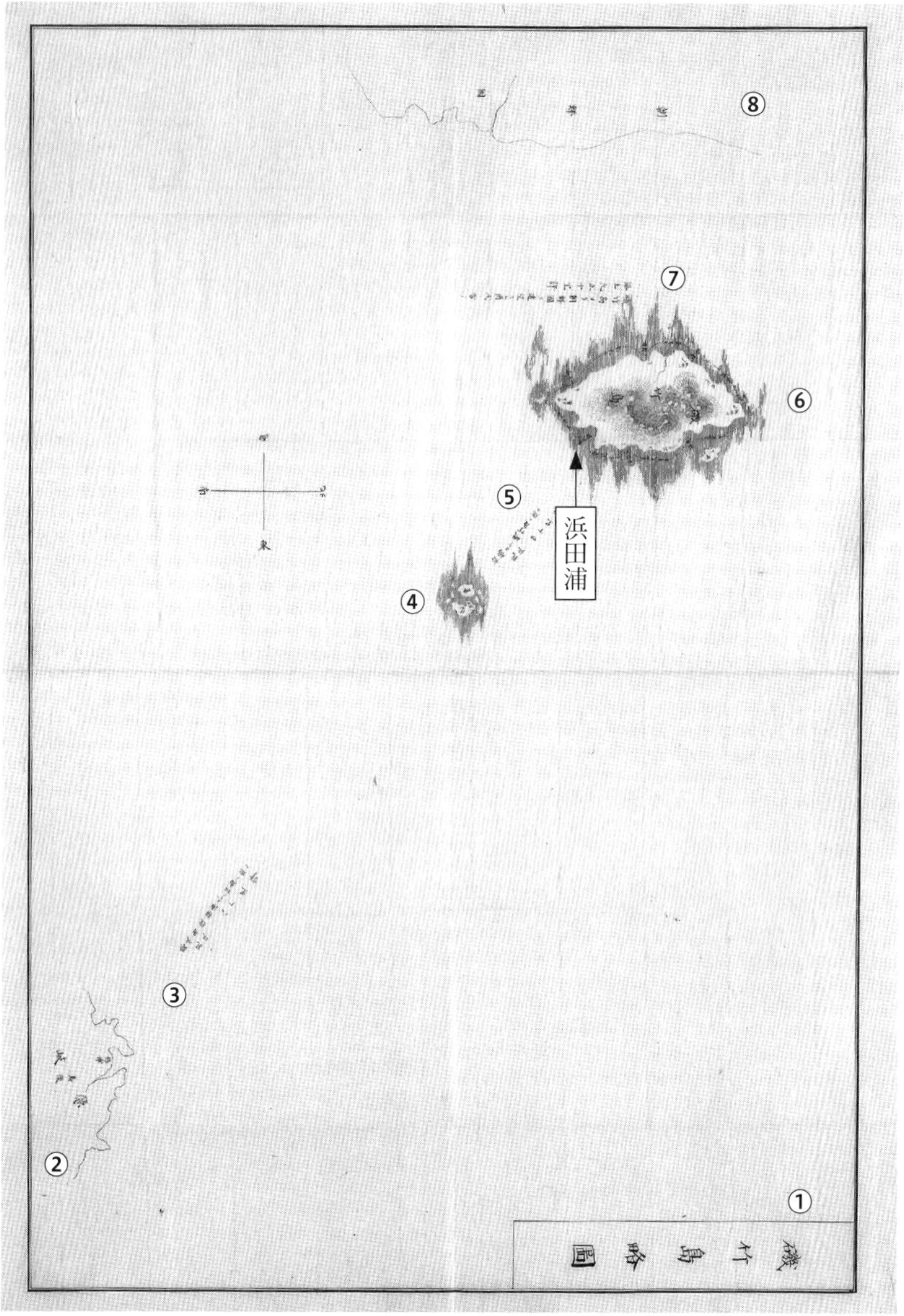
⑧
⑦
⑥
⑤
浜田浦
④
③
②
①
磯竹島略圖

②（表紙）

明治十四年
明治十五年
県治要領　庶務部
文書科

（明治十五年一月三十一日）

卅一日

去年十一月十二日付ヲ以、日本海内松島開墾ノ義ヲ内務農商務ノ両卿ニ稟議シ、至是内務卿ヨリ其指令ヲ得ル如左

書面松島ノ義ハ最前指令ノ通本邦関係無之義ト可相心得、依テ開墾願ノ義ハ許可スヘキ筋ニ無之候事、但本件ハ両名宛ニ不及候事

参考資料

（表紙）

自明治十四年七月
至明治十六年四月
朝鮮国蔚陵島へ犯禁渡航ノ日本人ヲ引戻処分一件　第一巻

（外務省外交史料館所蔵）

（朱書）
「島地第一一一四号」

日本海ニ在ル竹島松島之義ハ、別紙甲号之通、去明治十年中本邦関係無之事ニ伺定相成示来、然ク相心得居候処、今般島根県ヨリ別紙乙号之通申出候次第ニヨレハ、大倉組社員ノ者航到伐木候趣ニ相聞候、就テハ該島之義ニ付近頃朝鮮国ト何歟談判約束等ニ相渉リタル義ニテモ有之候哉、一応致承知度此段及御照会候也

明治十四年十一月廿九日　内務権大書記官　西村捨三

外務書記官　御中

（朱書）「（別紙）甲号」

日本海内竹嶋外一島地籍編纂方伺　（朱書）「（外一島ハ松嶋ナリ）」

竹嶋所轄之儀ニ付、島根県ヨリ別紙伺出取調候処、該島之義ハ元禄五年朝鮮人入島以来、別紙書類ニ摘採スル如ク、元禄九年正月第一号旧政府評議ノ旨意ニヨリ、二号訳官へ達書、三号該国来柬、四号本邦回答及ヒ口上書等之如ク、則チ元禄十二年ニ至リ夫々往復相済ミ、本邦関係無之相聞へ候得共、版図ノ取捨ハ重大ノ事件ニ付、別紙書類相添為念此段相伺候也

明治十年三月十七日　内務少輔

右大臣殿　（朱書）「（附箋書類略ス）」

（朱書）「指令

伺之趣竹島外一島ノ義本邦関係無之義ト可相心得事

明治十年三月廿九日」

（朱書）「（別紙）乙号」

日本海内松島開墾之儀ニ付伺

当管内石見国那賀郡浅井邨士族大屋兼助外一名ヨリ松島開墾願書差出シ、其旨趣タル該島ノ義ハ、同郡浜田ヨリ海上距離凡八十三里、酉戌ノ方位ニ当リ、無人ノ孤島ニ有之候処、東京府下大倉喜八郎設立ノ大倉組社員片山常雄ナルモノ木材伐採ノ為メ、海軍省第一廻漕丸船ニテ本年八月該地渡航ノ際、右兼助浜田ヨリ乗込、同航実地見分候処、其景況東西凡四五里、南北三里余、周廻十五六里ノ島山ニシテ海岸ヨリ頂ニ至ル凡壱里半、雑樹森在古木稠茂シ、其間幾多ノ渓流且ツハ平坦ノ地アリ、地味膏腴水利モ亦便僅カニ一隅ヲ拓クモ数十町歩ノ耕地ヲ得ヘク、其他採藻漁業ノ益全島ノ福利測ル可ラズ、移住開墾適当ノ地ニ付、同志ヲ浜田地方ニ募リ、資金ヲ合セ自費ヲ以テ草菜ヲ開キ、大ニ遺利ヲ起サントノ義ニ有之候処、該島ノ義ハ過ル明治九年地籍取調ノ際、本県地籍編入之義内務省へ相伺候処、同十年四月九日付書面竹島外一島ノ義者本邦関係無之義ト可相心得旨御指令相成、然ルニ前述当度大倉組渡航伐木候場合ニ就キ推考候得者、十年四月御指令後或ハ御詮議相変リ、本邦版図内ト被定候儀ニ可有之歟、該島果シテ本邦地盤ニ候得者、兼助等願意事業経費ノ目論見、資金支出ノ方法及同志者規約等詳悉取調、更ニ相伺候様致シ度、別紙相添此段相伺候也

明治十四年十一月十二日
　　島根県令　境二郎
内務卿山田顕義殿
農商務卿西郷従道殿

明治十四年十一月三十日起草
（朱書）「公第二六五一号」
　内務権大書記官西村捨三殿　外務権大書記官《公信局長》光妙寺三郎
朝鮮国蔚陵島即竹島松島之儀ニ付、御聞合之趣閲悉候、右者先般該島江我人民ノ渡航漁採スル者有之趣ニテ、朝鮮政府より外務卿江照会有之候付査究候処、果シテ右様之事実有之趣ニ付、既ニ撤帰為致、爾後右様之儀無之様申禁ニ及置候旨、該政府江照覆相成候、右回答申進候也
　十四年十二月一日

③（表紙）

自明治三十四年
至同三十八年（止）
令訓
秘書係

目次　番号六六　竹島所管ニ関スル件

（朱書）
「訓第八七号」

北緯三十七度九分三十秒、東経百三十一度五十五分、隠岐島ヲ距ル西北八十五浬ニ在ル島嶼ヲ竹島ト称シ、自今其県所属隠岐島司ノ所管トス、此旨管内ニ告示セラルヘシ

右訓令ス

明治三十八年二月十五日

内務大臣子爵　芳川顯正　（朱印）「印」

島根縣知事　松永武吉殿

参考資料

（表紙）

明治三十八年
公文類聚　第二十九編
巻一

（国立公文書館所蔵）

〔欄外〕内甲一

明治卅八年一月廿八日　「家門」（朱印）「山中」（朱印）

内閣総理大臣［花押］（桂太郎）　法制局長官㊞

外務大臣［花押］（小村寿太郎）　大蔵大臣［花押］（曽根荒助）　海軍大臣［花押］（山本権兵衛）

文部大臣［花押］（久保田譲）　逓信大臣［花押］（大浦兼武）　内務大臣［花押］（吉川顕正）

陸軍大臣［花押］（寺内正毅）　司法大臣［花押］（波多野敬直）　農商務大臣［花押］（清浦奎吾）

別紙内務大臣請議無人島所属ニ関スル件ヲ審査スルニ、右ハ北緯三十七度九分三十秒、東経百三十一度五十五分、隠岐島ヲ距ル西北八十五浬ニ在ル無人島ハ他国ニ於テ之ヲ占領シタリト認ムヘキ形跡ナク、一昨三十六年本邦人中井養三郎ナル者ニ於テ漁舎ヲ構へ、人夫ヲ移シ、猟具ヲ備ヘテ海驢猟ニ着手シ、今回領土編入並ニ貸下ヲ出願セシ所、此際所属及島名ヲ確定スルノ必要アルヲ以テ、該島ヲ竹島ト名ケ、自今島根県所属隠岐島司ノ所管ト為サントスト謂フニ在リ、依テ審査スルニ、明治三十六年以来中井養三郎ナル者カ該島ニ移住シ漁業ニ従事セルコトハ、関係書類ニ依リ明ナル所ナレハ、国際法上占領ノ事実アルモノト認メ、之ヲ本邦所属トシ、島根県所属隠岐島司ノ所管ト為シ差支無之儀ト思考ス、依テ請議ノ通閣議決定相成可然ト認ム

内務省へ通牒

(朱書)「明治三十八年二月二日」(朱印)「山田」

【続いて、参照資料として、南鳥島に関する閣議決定文書(「南鳥島ヲ東京府所属小笠原島司ノ所管ト為ス」)のうち明治三十一年三月十四日から同年七月二十四日の間に作成された五点の文書の写しが挿入されているが、省略する】

「三七秘（朱書）乙第三三七号ノ内」

無人島所属ニ関スル件

北緯三十七度九分三十秒、東経百三十一度五十五分、隠岐島ヲ距ル西北八十五浬ニ在ル無人島ハ、他国ニ於テ之ヲ占領シタリト認ムヘキ形跡ナク、一昨三十六年本邦人中井養三郎ナル者ニ於テ漁舎ヲ構ヘ、人夫ヲ移シ、猟具ヲ備ヘテ海驢猟ニ着手シ、今回領土編入並ニ貸下ヲ出願セシ所、此際所属及島名ヲ確定スルノ必要アルヲ以テ、該島ヲ竹島ト名ケ、自今島根県所属隠岐島司ノ所管ト為サントス、右閣議ヲ請フ

明治三十八年一月十日

内務大臣子爵　芳川顕正（朱印）「印」

内閣総理大臣伯爵　桂 太郎殿

「三七秘（朱書）　乙第三三七号ノ内」

無人島所属ニ関スル件、本月十日付ヲ以テ本省大臣ヨリ閣議ヘ提出相成候ニ付、右関係書類左記之通及御送付候條、御用済之上ハ返付相成度此段申進候也

明治三十八年一月十二日

内務次官　山縣伊三郎（朱印）「印」

内閣書記官長　柴田家門殿

左記

一中井養三郎ヨリノ請願書

一水路部長ノ回答

一外務農商務両次官並島根県知事ノ回答

（付箋）「閣議済之上ハ主務省へ返付ヲ要ス　（朱書）「悉皆返却ス　二月二日」（朱印）「山田」」

④（表紙）

明治三十八年
島根県告示
秋鹿村役場

島根県告示第四十号

北緯三十七度九分三十秒東経百三十一度五十五分隠岐島ヲ距ル西北八十五浬ニ在ル島嶼ヲ竹島ト称シ自今本県所属隠岐島司ノ所管ト定メラル

明治三十八年二月二十二日　島根県知事松永武吉

⑤（表紙）

明治三十八年
島根県令
文書課

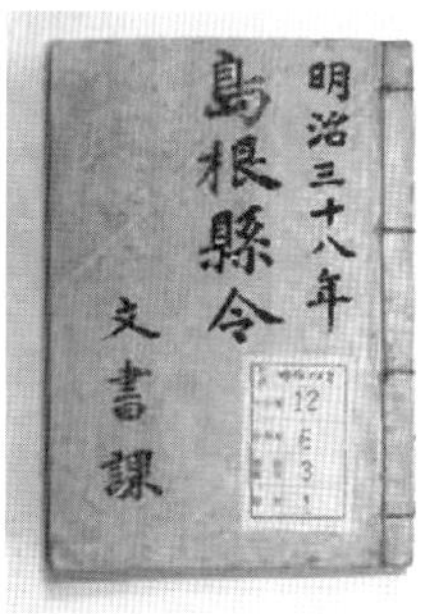

島根県令第十八號

明治三十五年十一月本県令第百三十号漁業取締規則中左ノ通更生ス

明治三十八年四月十四日　島根県知事松永武吉

第一條中浮網漁業ノ下（八束郡簸川郡地方ノ名称）トアルヲ（宍道湖ニ於テ使用スル
モノニ限ル）ト更生ス

第一條中浮網漁業ノ次ニ左ノ通挿入ス

一、海驢漁業（隠岐国竹島ニ於ケルモノニ限ル）

第二條中浮網漁業ノ次ニ海驢漁業ヲ挿入ス

第三條括弧書中潜水器漁業ノ次ニ海驢漁業ヲ挿入ス

第八條ニ左ノ但書ヲ加フ

　但竿釣ハ此限ニアラス

第九條第一號イ、綟子ノ次ニ其他ノ織物ヲ挿入ス

参考資料

（表紙）

明治三十五年

島根県令

秋鹿村役場

島根県令第百三十号

漁業取締規則左ノ通相定メ明治三十五年十二月一日ヨリ之ヲ施行ス

（略）

明治三十五年十一月二十八日　　島根県知事井原　昂

漁業取締規則

第一條　左ニ掲ケタル漁業ヲ為サントスルモノハ知事ノ許可ヲ受クヘシ

一打瀬網漁業　　一笄網漁業　　一手繰網漁業

一白魚張切網漁業　一鯀掛網漁業　一浮網漁業（八束郡、簸川郡地方ノ名称）
一一定ノ曳揚場ヲ有セザル地曳網漁業
前項ノ許可ヲ為シタルトキハ鑑札ヲ下付ス
第二條　潜水器漁業許可ノ期間ハ一ヶ年以内白魚張切網漁業、浮網漁業許可ノ期間ハ三ヶ年以内トス
第三條　漁業許可ヲ受ケントスル者ハ願書ニ許可期間（白魚張切網漁業、浮網漁業、潜水器漁業ニ限ル）漁業場所ヲ記載スヘシ
（略）

⑥（表紙）

隠岐国
周吉
穏地
海士
知夫
郡官有地台帳

地理係

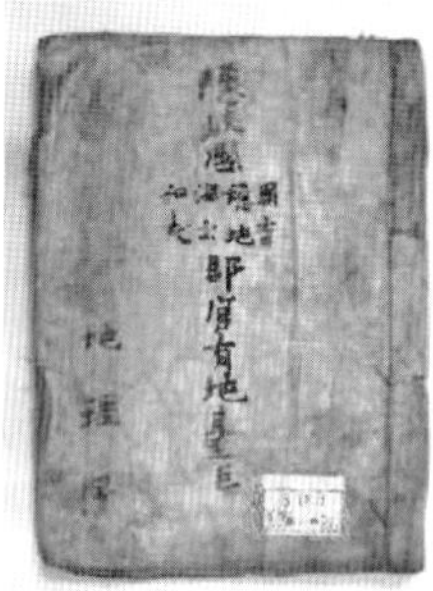

一、竹島

位置　北緯三拾七度九分三拾秒、東緯《ママ》百三拾壱度五拾五分、隠岐島ヲ距ル西北八拾五浬

面積　弐拾参町参段参畝歩

明治三十八年五月拾七日隠岐島司上申ニヨリ掲載

告示　明治三十八年二月二十二日本県告示第四拾号ヲ以テ竹島ト称シ、自今本県所属隠岐島司ノ所管ト定メラレタル旨告示セラレタリ

（青字ペン書）

「昭和十五年八月十七日公用廃止ノ上、舞鶴鎮守府ヘ海軍用地トシテ引継ク」

⑦（表紙）

明治三十九年
島根県県令

島根県令第八号

明治三十四年三月本県令第十一号県税賦課規則中県会ノ議決ヲ経、内務大臣大蔵大臣ノ許可ヲ得テ別紙ノ通改正シ明治三十九年度所属ヨリ施行ス

明治三十九年三月一日　島根県知事松永武吉

県税賦課規則

第一章　総則

第一條　年税ハ四月ヨリ九月迄ヲ前期トナシ十月ヨリ翌年三月迄テ後期トナシ各其ノ初月一日ヲ期日トシ税額ヲ二分シテ之ヲ賦課ス

但シ松江市、那賀郡浜田町ニ係ル地租割及漁業採藻税ハ四月一日ヲ期日トシテ一
時ニ全額ヲ賦課ス
営業税附加税及鉱業税附加税ハ国税納期初日ヲ期日トシテ之ヲ賦課ス
第二条　月税ハ該月一日ヲ期日トシテ之ヲ賦課ス
第三条　日税ハ納税義務発生ノ当日ヲ期日トシテ其ノ予定日数ニ依リ之ヲ賦課ス
第四条　屠畜税ハ予定頭数ニ依リ其ノ届出ノ時々之ヲ賦課ス
第五条　年税ハ四月一日後ニ於テ追加ヲナストキハ其ノ時々県参事会ノ議決ヲ経テ賦
課ノ期日ヲ定ム
第六条　賦課期日後ニ於テ新ニ納税義務発生シタルモノハ其ノ当日ヲ期日トシ二期ニ
分ツモノハ田租ニ係ル地租割ヲ除ク外各其ノ一期分其ノ他ノ年税（田租ニ係ル地租割ヲ含ム）及月税ハ
全額ヲ賦課ス
逋脱税者ヲ発見シタルトキハ其際逋脱中ニ係ル税金ヲ一時ニ賦課ス
第七条　賦課期日後ニ於テ納税義務消滅シ又ハ移転変更スルコトアルモ其ノ賦課額ヲ
減少セス
（略）

第三章　営業税及雑種税

（略）

第十一條　雑種税ハ左ノ課目及課額ニ依リ之ヲ賦課ス

（略）

漁業採藻

外海ノ部

鯨漁
海驢漁　年税金上リ高千分ノ十五

当該漁業者ニ非ラサルモニ於テ捕獲シタルトキ亦本税ヲ課ス

（略）

⑧（表紙）

（朱印）
「秘」

竹嶋

りやんこ島領土編入并ニ貸下願

隠岐列嶋ノ西北八十五浬、朝鮮欝陵島ノ東南五十五浬ノ絶海ニ、俗ニりやんこト称スル無人島有之候、周囲各約十五町ヲ有スル、甲乙二個ノ岩島中央ニ対立シテ一ノ海峡ヲ成シ、大小数十ノ岩礁点々散布シテ之ヲ囲繞セリ、中央ノ二島ハ四面断岩絶壁ニシテ高ク屹立セリ、其頂上ニハ僅カニ土壌ヲ冠リ雑草之ニ生ズルノミ、全島一ノ樹木ナシ、海辺湾曲ノ処ハ砂礫ヲ以テ往々浜ヲ成セドモ、屋舎ヲモ構エ得ヘキ個所ハ、甲ノ海峡ニ面スル局部僅ニ一個処アルノミ、甲ノ頂上凹所ニハ潴水アリ茶褐色ヲ帯ブ、乙ニハ微ニ塩分ヲ含ミタル清冽ノ水断岸ヲ涓滴候、船舶ハ海峡ヲ中心トシ、風位ニ拠リ左右ニ避ケテ碇泊セバ安全ヲ保タレ候、本島ハ本邦ヨリ隠岐列島及ビ欝陵島ヲ経テ朝鮮江原咸鏡地方ニ往復スル船舶ノ航路ニ当レリ、若シ本島ヲ経営スルモノアリテ、人之ニ常住スルニ至ラバ、其レ等船舶ガ寄泊シテ薪水食料等万一ノ欠乏ヲ補ヒ得ル等、種々ノ便宜ヲ生ズヘケレハ、今日駸々乎トシテ盛運ニ向ヒツ、アル所ノ本邦ノ江原咸鏡地方ニ対スル漁業貿易ヲ補益スル所少ナカラズシテ、本島ノ経営ハ前途尤モ必要ニ被存候

本島ハ此ノ如キ絶海ニ屹立セル蕞爾タル岩島ニ過ギザレバ、従来人ノ顧ルモノナク、全ク放委シ有之候、然ル処私儀欝陵島往復ノ途次偶本島ニ寄泊シ海驢ノ棲息スルコト夥シキヲ見テ、空シク放委シ置クノ如何ニモ遺憾ニ堪へザルヨリ、爾来種々苦慮計画シ、弥明治三十六年ニ至リ断然意ヲ決シテ資本ヲ投シ、漁舎ヲ構エ人夫ヲ移シ猟具ヲ備エテ、先ヅ海驢猟ニ着手致シ候、当時世人ハ無謀ナリトシテ大ニ嘲笑セシガ、固トヨリ絶海不便ノ無人島ニ新規ノ事業ヲ企テ候コトナレバ、計画齟齬シ設備当ヲ失スル所アルヲ免レズ、剰へ猟方製法明カナラズ、用途販路亦タ確カナラズ、空シク許多ノ資本ヲ失テ、徒ニ種々ノ辛酸ヲ嘗メ候結果、本年ニ至リ猟方製法共ニ発明スル所アリ、販路モ亦タ之ヲ開キ得タリ、而シテ皮ハ塩漬ニセバ牛皮代用トシテ用途頗ル多ク、新鮮ナル脂肪ヨリ採取セル油ハ品質価格共ニ鯨油ニ劣ラズ、其粕ハ十分ニ絞レバ以テ膠

ノ原料ト為シ得ラルベク、肉ハ粉製セバ骨ト共ニ貴重ノ肥料タルコト等ヲモ確カメ得候、即チ本島海驢猟ノ見込ハ略相立チ候、而シテ海驢猟ノ外本島ニ於テ起スヘキ事業陸産ハ到底望ナク、海産ニ至リテハ未ダ調査ヲ経ザルヲ以テ今日確言シ難キモ、日本海中ノ要衝ニ当レル本島附近ニ種々ノ水族来集棲息セザル筈ナレバ、本島ノ海驢漁業ニシテ永続スルコトヲ得バ、拠テ以テ試漁探査ノ便宜ト機会トヲ得テ、将来更ニ有利有望ノ事業ヲ発見シ得ルナラント相期シ候、要スルニ本島ノ経営ハ資本ヲ充実ニシ、設備ヲ完全ニシテ海驢ヲ猟獲スル上ニ於テ、前途頗ル有望ニ御座候

然レトモ本島ハ領土所属定マラズシテ、他日外国ノ故障ニ遭遇スル等不測ノコトアルモ、確乎タル保護ヲ受クルニ由ナキヲ以テ、本島経営ニ資力ヲ傾注スルハ尤モ危険ノコトニ御座候、又タ本島ノ海驢ハ常ハ棲息スコトニハアラズ、毎年生殖ノ為メ其季節、即チ四五月（年ニ拠リ遅速アリ）来集シ、生殖ヲ終リテ七八月離散スルモノニ候、随テ其猟獲ハ其期間内ニ於テノミ行ヒ得ラレ候故ニ、特ニ猟獲ヲ適度ニ制度シ、蕃殖ヲ適当ニ保護スルニアラズンバ、忽チ駆逐殄滅シ去ルヲ免レズ、而シテ制限保護等ノコトハ競争ノ間ニハ到底実行シ得ラレザルモノナルニ、人ノ利ニ趣クハ蟻ノ甘ニ附クガ如ク、世人苟モ本島海驢猟ノ有利ナルヲ窺知セバ、当初私儀ヲ嘲笑シタルモノ幷ヒ起テ大ニ競

争シテ濫獲ヲ逞フシ、直ニ利源ヲ滅絶シ尽シテ、結局共ニ倒ル、ニ至ルハ必然ニ御座候、要スルニ前途有望ニシテ、且ツ必要ナル本島ノ経営モ、惜ムラクハ領土所属ノ定リ居ラザリト、海驢猟業ニ必ズ競争ノ生スベキトニ拠テ大ナル危険之アリ、終ヲ全フシ難ク候

私儀ハ前陳ノ如ク従来種々苦心ノ結果、本島ノ海驢猟業略見込相立チタレバ、今ヤ進デ更ニ資本ヲ増シテ、一面ニハ猟獲スヘキ大サ数等ヲ制限スルコト、牝及ビ乳児ヲバ特ニ保護ヲ篤クスルコト、島内適当ノ個処ニ禁猟場ヲ設クルコト、害敵タル鯱鱶ノ類ヲ捕獲駆逐スルコト等、種々適切ノ保護ヲ加エ、一面ニハ猟獲製造ニ関スル種々精巧ノ機械ヲ備エ、装置ヲ設クル等設備ヲ完全ニシ、傍ニハ漁具ヲ備エテ他ノ水族漁撈ヲモ試ムル等、大ニ経営スル所アラント欲スルモ、前陳ノ如キ危険アルガ為メニ頓挫罷在候、此ノ如キハ啻ニ私儀一已ノ災厄ノミナラズ、又タ国家ノ不利益トモ被存候、就テハ事業ノ安全利源ノ永久ヲ確保シ、以テ本島ノ経営ヲシテ終ヲ全フセシメラレンガ為メ何卒速カニ本島ヲバ本邦ノ領土ニ御編入相成リ、且ツ其レト同時ニ向フ十ヶ年間私儀ニ御貸下ケ相成度、別紙図面相添エ此段奉願候也

明治三十七年九月二十九日

島根県周吉郡西郷町大字西町字指向
中井養三郎

内務大臣 子爵 芳川顕正殿
外務大臣 男爵 小村寿太郎殿
農商務大臣 男爵 清浦圭吾殿

りやんこ島略図

方位

位置
東経百三十一度五十五分
北緯三十七度十五分

凡例
海驢生殖場
漁舎
豬水
滴水
礫石
漁舟碇泊場
大生殖場
区分界（銃声艇影ニ対シテノミ海驢ガ互ニ恐怖セザル広サ）

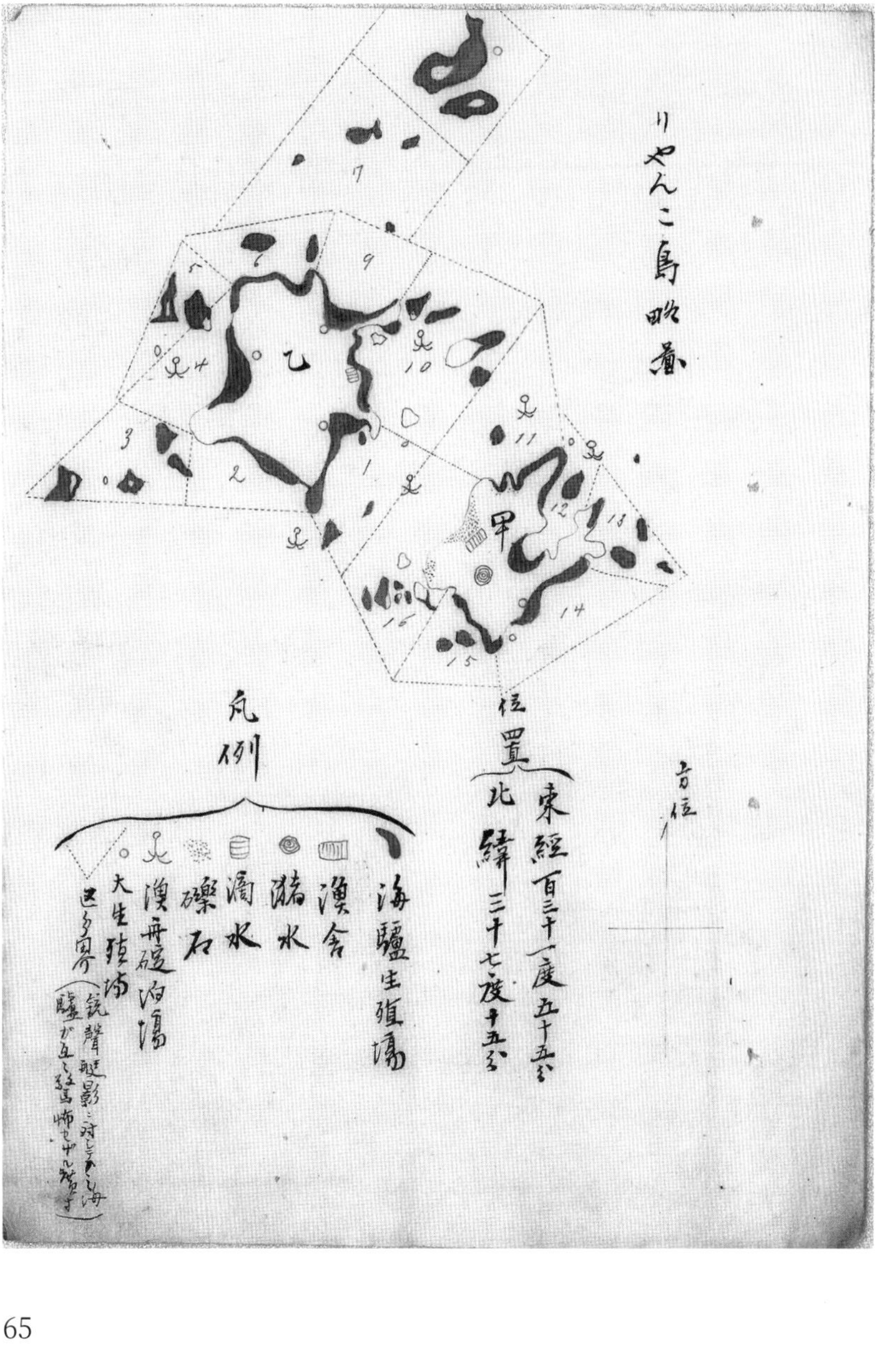
りやんこ島略圖
甲
乙
位置
東經百三十一度五十五分
北緯三十七度十五分
方位
凡例
海驢生殖場
漁舍
潴水
濁水
礫石
漁舟碇泊場
大生殖場
区分界

「リヤンコ」島領土編入幷貸下願説明書

一、海驢ノ保護方法
一、海驢ノ群集ニ及ホス競争捕獲ノ害
一、海驢ノ製造ニ対スル競争捕獲ノ害
一、本島ノ位置及ヒ由来

海驢ノ保護方法

私儀此度「リヤンコ」島領土編入幷ニ貸下ノ儀ヲ出願シタルハ、徒ラニ独占シテ利益ヲ壟断センガ為メニアラズ、利益ヲ永久ニ保全センガ為メ、本島ノ海驢ヲ左ノ如ク保護シ其捕獲ヲ制限シ、及ビ別ニ設備ヲ完全ニシテ捕獲品ヲ十分ニ製造セントスルニ外ナラザルナリ、

一　丈ケ八尺以上ノ牡ニアラザレバ一切捕獲セザルコト
　牝及ビ乳児ヲ捕獲セサルトキハ、彼等ハ銃声艇影ニ対シテ危害ヲ感ズルコト少クシテ、上陸来集ヲ廃セザルヘキニ拠リ、牡ハ多少危害ヲ加エラル丶モ牝ヲ恋

ヒ、同ジク上陸来集ヲ永続スヘキナリ

一　一期間ニ五百頭以上ヲ捕獲セザルコト

従来本島ニ来集スル海驢ハ幾千万ナルヤ知ルヘカラザル程ナレバ、蕃殖ヲ害セザル限リニ於テ捕獲シ得ラル、余裕ハ勿論五百頭ニハ止ラズ、然レトモ五百頭以上ヲ一期間ニ捕獲セントスルトキハ、発銃ノ度数、巡猟ノ回数等ガ期間ノ日数及本島ノ広サニ対算シテ頻繁ニ過グルニ至ラントス、其計算即チ左ノ如シ

五百頭以上ノ捕獲ニハ六百以上ノ発銃ヲ要ス、今期間タル五六七ノ三ヶ月中毎月ノ平均出猟ヲ二十日トセバ総日数六十日ト為リ、毎一日ノ発銃十発以上ト為ル、又タ本島ヲ海驢ガ互ニ銃声艇影ニ驚怖セザル広サニ区分セバ約十五区ヲ得、保護場トシテ其四分ノ一ヲ除キ、残十一区ニ対シ毎日十発以上ノ発銃ヲ為サントセバ、毎日毎区ノ発銃一度以上全島ノ巡猟一周以上ト為ラントス、毎日毎区一度ノ発銃全島一周ノ巡猟モ頻繁ナラズヤノ恐レアリ、況ンヤ其以上ヲヤ

一　射手一名猟艇一隻以上ヲ使用セザルコト

一艇ヲ用フルモ全島ニ一日数周ノ巡猟ヲ為シ得ラル、而シテ競争者アラバ射手一名ニテ一期間ニ五百頭以上ヲ捕獲シ得、故ニ此以上ヲ使用スベカラズ

因ニ記ス、競争者アルトキハ、其数ノ多キニ随ヒ各射手ノ捕獲数ハ逓減ス、本年ノ如キハ平均射手一名ノ捕獲数三百頭前後ノ間ニ在リキ

一　保護場ヲ設ケ場内ニ於テハ一切捕獲ヲ行ハサルコト（其広サハ少クモ全島四分ノ一以上ヲ要ス、而シテ該場ニハ人及ビ艇ノ近クコトヲモ厳ニ忌ムベシ）

保護場ニ於テ絶テ危害ニ接触セザルモノハ無論、其来集ヲ永続スヘキヲ以テ他ノ場所ニ於テ多少危害ニ接触シタルモノモ、之ニ誘ハレテ自然其来集ヲ永続スヘキニ由リ、結局全島ニ其来集廃絶セザルコトヲ得ベシ

一　分娩ノ最中ニハ巡猟ヲ斟杓スルコト

断然捕獲ヲ中止セント欲スルモ、奈何セン分娩ヲ終レバ間モナク交尾ヲ始メ、牡ハ痛ク衰弱シ脂肪ニ含蓄セル油量ヲバ大ニ減損（五分ノ一位ニ減ス）スルニ由リ、已ヲ得ズ中止スルヲ得ズ

因ニ記ス、海驢ハ海中ニ於テ交尾スルモノナレバ、捕獲ヲ頻繁ニ行フテ断ヘズ海中ニ在ラシムルトキハ、交尾期ヲ促進シ牡ノ衰弱ヲ速キ、且ツ其上陸ヲ疎遠ニスルノ害モ起ル

一　害敵タル鯱鱶ノ類ヲ断ヘズ駆逐捕獲スルコト

本島附近ノ海中ニ群集シ海驢ヲ狙フ、特ニ幼児ノ稍長ジテ遊泳ヲ試ムルモノヲ残害スルコト甚シ、故ニ海驢ノ捕獲ヲ頻繁ニ行ヒテ、交尾若クハ分娩ノ為メ体力ノ衰ヘタルモノ、及ビ幼児ノ稍長シテ体力未ダ十分ナラザルモノヲ駆リテ、久シク海中ニ在ラシムルトキハ、徒ラニ害敵ノ腹ヲ肥スノ害モ起ル

一　海藻類ハ総テ刈取ルヘカラザルコト

海藻類ニ寄棲スル細微ノ動物ハ海驢ノ食餌タル魚類ヲ招致シテ、特ニ哺乳中ノ母牝ノ営養及ビ乳ヲ離レタル幼児ノ発育ヲ資クルコト大ナルベシ

一　捕獲以外ニ在テ海驢ヲ驚怖セシメ、及ビ生殖ヲ妨害スルノ行為ヲバ、一切厳ニ忌避スルコト

以上二項ハ一般ニ適用シ得ラル、権利ノ保留ヲ要ス、何トナレバ航海者ノ寄泊スルモノ、若クハ普通ノ漁業者等ガ之レヲ犯スコト有ルヘケレバナリ

一　保護場ハ実況ニ応シ、幾年カヲ隔テ、終始全島内ヲ輪転スルコト

一　保護場以外ハ捕獲ヲ或ハ毎日毎区ニ行ヒ、或ハ幾日カヲ隔テ、輪番ニ行フ等、実況ニ応シテ終始大ニ斟杓ヲ加フルコト

要ハ捕獲ヲ行フモ甚シク生殖ヲ妨ゲズ、危害ヲ感ゼシメズシテ、本島ヲ見限リ

去ラシメザルニ在リ、而シテ爆声ヲ発セザル猟具ヲ用ヒ、海中ニ於テ捕獲ヲ行フハ、此目的ヲ達スルニ尤モ適切ナルモ、方ニ考案中ニ属シ、未タ発表シ得ルニ至ラズ」

蓋シ本島ノ如キ絶海ノ地ニ在テハ世人ニ公徳ノ絶無ナル、今日単ニ法令規約等ニ依頼シテハ取締ノ途ヲ得ベカラザルガ故ニ、寧口独占シテ一切競争ヲ排スルニアラズンバ、此ノ如キ制限保護ノ方法ハ実行スルニ由ナキナリ、而シテ此ノ如ク競争ヲ排シ、制限保護ヲ加フルノ必要ハ本島海驢ノ実況左ノ如クナルニ由ルナリ

一　幾何ツモ捕獲シ得ズシテ徒ラニ海驢ヲ逐散シツ、、将ニ忽チ絶滅セシ《ママ》メトス

一　其捕獲シタルモノモ十分ニ製造スルコト能ハズシテ、副産物ヲバ概シテ空シク遺棄セザルヲ得ズ

其国家社会ニ取リテ極メテ不利益タルハ言ヲ待タザル所ナリ、身苟モ産業界ニ在ルモノハ、其人ノ官公私ヲ論ゼズ、此ノ如キ実況ヲバ決シテ等閑ニ附シ去ルヘカラザルナリ、特ニ私儀ハ世人ニ卒先シテ危険ヲ冒カシ、少ナカラザル資本（勿論私儀ニ取リテナリ、而シテ其金額ハ直接間接実ニ千五百円前後ニ達ス）ヲ投シテ、爰ニ試験ヲ遂ゲ、折角利源ヲ開発シ得タル者ナレバ、今其利源カ幾何ノ年所ヲモ経ズ、利益ヲモ産出スルニ及バズシテ、忽チ絶滅セントスルニ於テハ、

自己利害ノ関係ヲ別ニスルモ遺憾竟ニ忍ブベカラザルナリ、況ンヤ為メニ投資回収ノ機ヲ失ヒ、甚シキ損害ヲ被ラントスルニ於テヲヤ、此度私儀ガ其利源保全ノ為メニ方法ヲ講求シテ、其筋ノ特許ヲ仰グニ至リタルモノ、豈ニ已ムヲ得ベケンヤ

海驢ノ群集ニ及ボス競争捕獲之害

海驢ハ陸上ニ於テ分娩哺乳ヲ為スモノナリ、而シテ本島ニ在テハ其捕獲ハ其生殖期中陸上ニ於テ行ハルヽナリ、其捕獲ニハ銃ヲ用ユ、故ニ一発ノ下ニ轟然響ヲ伝エ、其近傍一帯ニ上陸セルモノ遊泳セルモノヲシテ一斉驚怖遁逃セシムルヲ免レズ、随テ本島ノ如キ蕞爾タル列岩ニ在リテハ海驢ノ群集スルコトハ如何ニ夥シキモ、固トヨリ多数ノ捕獲者ヲ容ルヽ余裕ヲ存セズシテ、幾分ヲモ捕獲シ得ラレザルナリ、多数ニ捕獲ヲ幷ビ行ハシムルトキハ、全島至ル所ニ毎日幾度モ捕獲ガ頻繁ニ繰返サレザルヲ得ズ、其為メ海驢ヲシテ危害ニ触接セシムルコト頻繁ナラズンバアラズ、殆ンド上陸シ得ザラシメズンバアラズ、上陸得ズンバ海驢ハ分娩哺乳スルコト能ハザルナリ、捕獲シ得べカラザルナリ、抑本島ノ海驢ハ本島ノ地素ト極メテ安全ナリシニ由テ、生殖ヲ為サンガ為メニ其季節ニ特ニ来集スルモノナルニ、今本島ニ於テ危害ニ接触セシムルコト

此ノ如ク頻繁ニシテ、分娩哺乳即生殖ヲ妨害スルコト此ノ如ク甚シクシテ、而シテ如何ゾ永ク本島ニ恋々タランヤ、其忽チ来集ヲ絶スルニ至ルハ必然タリ、然レドモ本島ハ海驢ノ年来生殖場トスル所ニシテ、危害余ニ甚シカラズバ、容易ニ来集ヲ絶スルコトモナカルベケレバ、競争ヲ排シテ制限保護ヲ適切十分ニセバ、割合多キ捕獲ヲ遂ゲツヽ、海驢ノ来集ヲ永続セシメ利源ヲシテ混々尽クルトキナキヲ得セシメラルベキモ、然ラザルトキハ幾何ヲモ捕獲シ得ズシテ徒ラニ逐散ラシ、忽チ絶滅セシムルヲ免レザルベキナリ

本島ニ海驢ノ群集スルコトハ実ニ夥シク、周囲ノ礒辺ハ為メニ掩ハレテ地ヲ見ズ、附近ノ海中ニハ渦ヲ巻キ翅ヲ林立シ、其数幾千幾万ナルヤ知ルベカラザル程ナリ、本年ニ至リテ之レガ捕獲ニ競争ヲ生シ、猟艇ハ初ハ三隻、後ハ六隻使用サレタルガ、其一期間ノ総捕獲額ハ大約左之如シ（尽ク当業者ニ就テ精確ニ調査シタルモノニアラズ、現場ニ於テ見タル大数ヲ記シタルモノナレバ、固トヨリ多少ノ相違アルヲ免レズ）

一、牡八百五十頭 網獲五、六 他ハ銃殺　塩皮凡ソ六千貫 一枚平均 凡七貫目

一、牝九百頭 撲網五、六十 他銃殺　塩皮凡千四百四十貫 一枚平均 凡ソ一貫六百目

一、乳児千頭 尽ク撲殺　塩皮凡ソ二百五十貫 一枚平均 凡ソ二百五十目

計二千七百六十頭　塩皮七千六百九十貫 一枚平均 二貫七百八十六目

而シテ海驢ノ群集ハ其季節未ダ半ナラズシテ既ニ著シク減却シ、僅カニ半ヲ過ギタル比ヨリハ寂々寥々真ニ数フルニ足ラズ、竟ニハ成長セルモノハ容易ニ捕獲シ得ラレザルニ至リ、各当業者ハ已ムヲ得ズ競フテ乳児ヲモ撲殺シタルナリ、競殺ノ余弊トシテ徒ラニ撲殺サレ、空シク遺棄サレタル乳児モ其数実ニ四五百頭ヲ下ラザリキ、以テ競争捕獲ノ害如何ニ甚シキカヲ観ルヘシ、而シテ明年ハ競争更ニ激烈ヲ加フルノ形勢アレバ、此侭ニ放任セバ本島海驢ノ絶滅ハ遠クモ明年ヲ超ヘザルベキナリ

本年捕獲額ハ競争捕獲ノ最大額ナルヘシ、何トナレバ本島ニ於テ捕獲者ノ数多キヲ加フル丈ケ捕獲ハ益行ヒ難ク、既ニ本年ハ捕獲者ノ数多キニ過ギタルガ為メニ、却テ総捕獲額ヲバ抑殺サレタル形跡歴然タレバ、此上捕獲者ノ数如何ニ増加スルモ、捕獲額ハ更ニ益減ズルノミニシテ、増スコトナカルヘケレバナリ、然ラバ則チ自由捕獲ノ利益ハ只個々等シク捕獲シ得ルト云フニ過キス、別ニ国家社会ニ取テ何等利スル所ナキノミカ、利源ヲ忽チ絶滅スルノ大害ヲ存スルノミナリ、而シテ其本年ノ捕獲額ハ私儀ノ制限捕獲数ヨリ多キモ、為メニ利源ノ絶滅ヲ速クニ於テハ、其多キハ結局利益ニアラズ寧ロ損害ナリトス

海驢ノ製造ニ対スル競争捕獲ノ害

海驢ノ皮ハ品質劣等ナレドモ、其脂肪、肉、骨等ヨリハ多量ノ良質ナル油肥料等ヲ採取シ得ラル、只皮ハ塩ヲ加フルノミニテ品質ヲ損セス遠方ニ輸送販売シ得ラルレドモ、油肥料等副産物ノ採製ニ至テハ、煩雑ニシテ多少学理ヲ応用シ、設備ヲ完全ニシ、極メテ新鮮ナル原料ヨリ直ニ採製スルニアラサレバ、十分価値アル良品ヲ多量ニ得ル能ハズ、然ルニ競争者ナルトキハ

一各当業者力ヲ捕獲ノ競争ニ専パラニスル必要アリ、煩雑ナル副産物採製ニ頽ツヲ得難キコト

一事業永続ノ望ナキヲ以テ、資本ヲ固定シテ副産物採製ノ設備ヲ完全ニスルコトハ、営業経済ノ上ニ於テ考慮ヲ要スルコト

一本島ハ絶海ニ峭立スル蕞爾タル列岩ニシテ、平地稀レナルヲ以テ、当業者ノ数多キトキハ各自漁舎ノ敷地猟艇捕獲品ノ引揚場需品置場等ニモ窮セントス、決シテ製造上完全ナル装置ノ据付ヲ為シ得ベキ余裕アルヘカラサルコト

一原料ヲ新鮮ノ侭内地ニ輸送スルコトハ、固トヨリ絶望ニ属スコト

等ノ為メ、設備ヲ完全ニシ、製造ヲ十分ニスルコト能ハズシテ、脂肪肉骨等ハ概シ

テ遺棄セサルヲ得ス、仮令ヒ遺棄セザルモ殆ンド価ヲ有セザル粗悪品ノ少量ヲ採取シ得ルニ過ギサルヘシ

本島ノ位置及ビ由来

本島ノ位置ハ東経百三十一度五十五分、北緯三十七度十五分ニ在リ、我隠岐列島ヨリ西北八十五浬、朝鮮欝陵島ヨリ東南五十五浬ニシテ、欝陵島ニ近キモ、我ガ出雲国多古鼻ヨリハ百八浬、朝鮮「ルツドネル」岬ヨリハ百十八浬ニシテ、本邦ニ最モ近シ水路誌ニ拠レハ、(西紀千八百四十九年仏国船「リヤンコールド」初メテ之ヲ発見シ称呼ヲ其船名ニ取ル、其後千八百五十九年露国「フガット」形艦「パラネ」ハ、此列岩ヲ「メナライ及ビ「リヴツア」列岩ト名ケ、千八百五十五年英艦「ホルネット」ハ此列岩ヲ探検シテ「ホルネット」列岩ト名ツケリ、該艦長「フオシイス」ノ言ニ拠レハ、此ノ列岩ハ北緯三十七度十四分、東経百三十一度五十五分ノ処ニ位スル二坐ノ不毛岩礁ニシテ、鳥糞常ニ嶼上ニ堆積シ嶼色為メニ白シ、而シテ北西イ西東南イ東ノ長サ約一浬、二嶼ノ間距離ニ鏈半ニシテ見タル所、一礁脈アリテ之ヲ連結ス○西嶼ハ海面上高サ約四百十呎ニシテ、其形棒糖ノ如シ、東嶼ハ較低クシテ平頂ナリ、此列岩附

近ハ水頗ル深キガ如シト雖ドモ、其位置ハ実ニ函館ニ向テ日本海ヲ航行スル船舶ノ直水道ニ当レルヲ以テ頗ル危険ナリトス」トアリ、米国水路部告示第四三号（明治三十五年一月）ニ拠レバ、該国軍艦「ニューヨーク」ハ此列岩ノ位置ヲ測定シテ、北緯三十七度九分三〇秒、東経百三十一度五十五分トセリ

水路誌ノ記スル所ニ拠レハ、本島ハ今ヨリ五十余年前仏人ノ発見スル所ナリト雖ドモ、本邦舟子等ニ知ラレタルハ余程以前ニ在ルガ如シ、彼等古老ノ間ニハ、本島ニハ怪物住シ危声ヲ発ス、近クベカラズト伝説シ居ルモノアリ、蓋シ海驢ノ叫声ヲ怪ミタルナラン、喧々実ニ里余外ノ沖合ニ聞エ、而シテ此伝説ハ頗ル古キガ如シ、何トナレバ近来欝陵島ニ往復スル船舶ノ間ニ起リタリトセバ、余リニ蒙昧ナレバナリ、又タ慶長年間ニ伯州米子ノ某数度竹島ニ往復セル事蹟ヲ伯耆民談記ニ載セアリ、大ナル竹ヲ産シテ風呂桶ヲ製スルニ足ルコトヲ載セアリ、俗説ニ欝陵島ハ松島ニシテ、真ノ竹島ナルモノハ別ニアリ、大ナル竹ヲ産スト云フモノアリ、然レドモ米子ノ某ガ往復シタル竹島ハ確ニ欝陵島ナリ、所謂松竹両島ハ邦人ノ命名スル所ニシテ、欝陵島ト本島トヲ幷称シタルニハアラザルカ、而シテ隠岐列島ヲ経テ欝陵島ニ数度往復セルモノハ、本島ヲ見ザル筈ナシ、要スルニ邦人ハ夙ニ本島ヲ発見シ居ルモ、惜ムラクハ記録ノ微スヘ

キモノナキノミナラント信ス
従来本邦ノ漁夫等、欝陵島往復ノ途次、往々本島ニ寄泊シ鮑ヲ採取セルコトアルノミナリシガ、昨三十六年五月余ハ爰ニ海驢猟ヲ企テ、、人夫ヲ移シ漁舎ヲ構エタリ、而シテ私儀ノ人夫等ガ上陸セシ際、全島一ノ何等建設物ヲモ発見セザリキ、即チ本島ニ初メテ建設物ヲ構エ国旗ヲ樹テタルモノハ、実ニ現ニ出征第四軍ニ従軍セル予備軍曹小原岩蔵ガ、私儀ノ為メニ帥ヒタル人夫ノ一行ナリトス

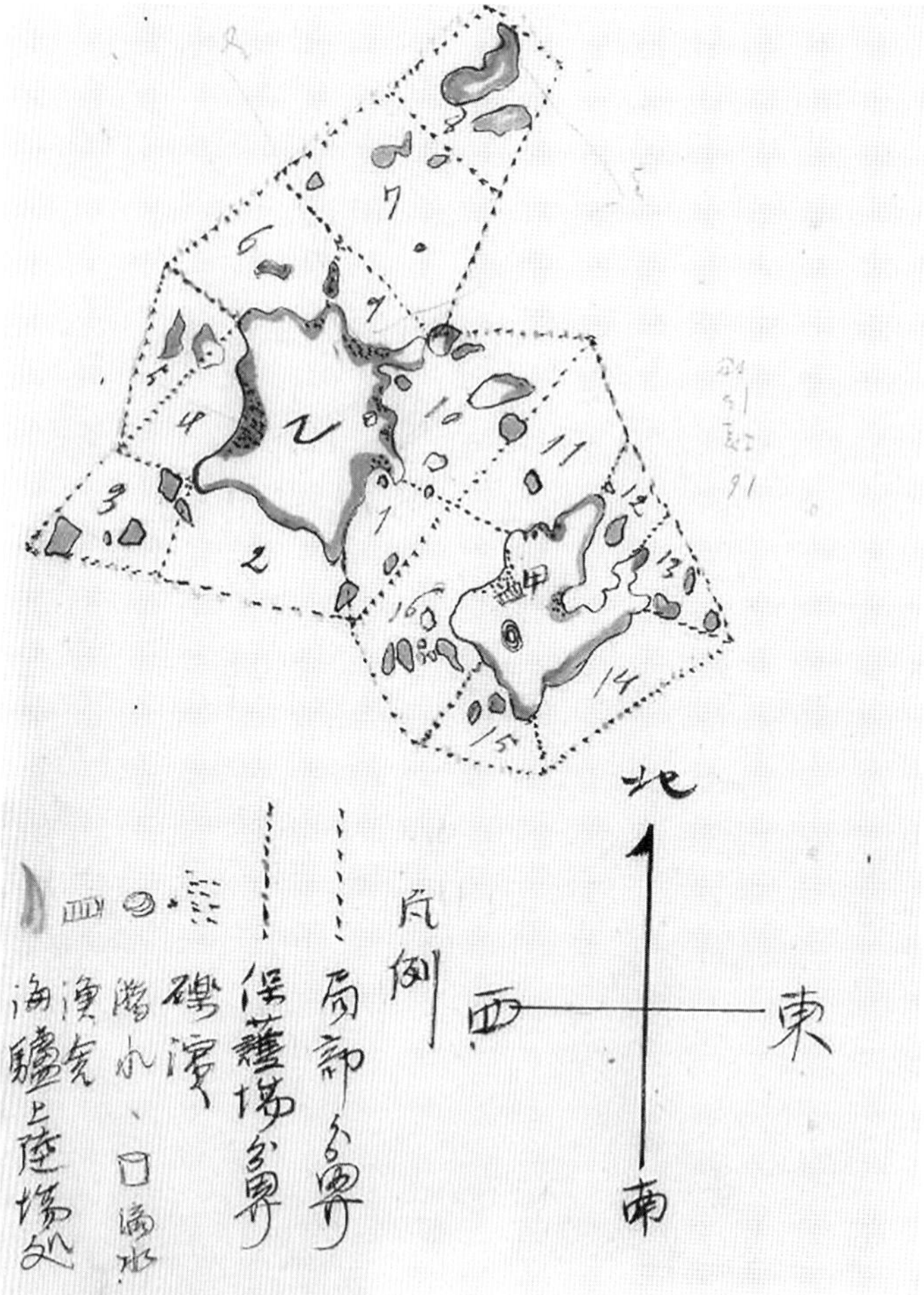

北
西　東
南

凡例
局部分界
保護場分界
礫浜
瀦水　滴水
漁舎
海驢上陸場処

竹島海驢実況覚書

一密漁者ノ渡航月日、人数、捕獲数

久見村組（橋岡友次郎外十名）

三月三十日渡航　人夫数六人　猟艇壱艘

弐百二十八頭捕獲

岩﨑組（山口県人、岩﨑某）

四月七日　十人　韓人七 邦人三　弐艘

凡二百余頭

飯美村組（飯美村某外二名）

四月十一日　七名　二隻　三百五十頭

井口組（井口龍太、永海寛市組合）

四月十二日　十二名　二隻　三百頭

脇田組（宇賀、脇田庄太郎）

四月十四日　九名　韓人六 邦人三　二艘　二百余頭

浦郷組（浦郷村門某外二名）

四月十四日　十名　韓三邦七　一艘　二百余頭

下西組（下西村某、西町、石井某組合）

四月十八日　八名　二艘　二百余頭

赤崎組（鳥取県赤崎　錢本某等）

六月四日　八名　二隻　五十頭

都合八組、人夫七十名、猟艇拾七隻、捕獲数千八百頭

二年生ノモノ及牝ノミナルヲ以テ、之レヲ八尺以上ノ牝ニ比スレハ、百八十頭ニ匹敵スルニ足ラス

一海驢群集ノ景況

久見組渡航ノ頃、竹島ニ棲息スル海驢ハ二年生□ノモノ多ク、成長セルモノハ稀ナリキ、特ニ牡ニ至リテハ殆ント絶無ナリ、而シテ棲息ノ惣数ハ二三千頭ヲ超ヘサル景況ナルモ、爾後漸々其数ヲ増加シタルモ、密漁者モ亦増加シ、且其頃ノ海驢は敏捷ニシテ捕獲シ難カリシヲ以、猟艇一隻ノ一日捕獲スルモノ二三頭ヲ超ヘサリキ、而シテ其獲ル所モ牝及二年生ノモノノミナリキ

五月末ニ至リ成長セル牝大ニ群集シ来リテ分娩ヲ開始セリ、一作年ヨリ後ル〱コト

二十日、昨年ヨリ後ル〵コト十日許リ、此頃ノモノハ頗ル遅鈍ニシテ甚タ捕獲シ易ク、一隻壱日ノ捕ル数六七頭乃至十頭ニ達セリ

六月五六日頃ヨリ牡大ニ群集シ、其数日々増加シ全島ノ磯辺及ヒ属礁ハ海驢ノ母児ヲ以掩ハレ、其数実ニ幾万頭ナルヤヲ知ルヘカラサルニ至リ、一艘一日ノ捕獲数二十頭前後ニ達、其内一二頭ハ牡ヲ混スルニ至レリ

一密漁者ノ撤退状況

密漁者ハ久シク不漁ヲ苦シミタリシカ、前記五六月ノ交ニ至リ海驢大ニ群集シ来リタルヲ以テ勇ンテ濫獲ヲ逞クセントセルニ際シ、実態会社（竹島漁猟合資会社）ノ母船来着シ警官上陸サレタルヲ以テ、彼等ハ失望ト狼狽ヲ極メ、漁舎及猟具ヲ会社ニ売渡シテ撤退セリ

一密漁者退去後ニ於ケル会社ノ漁況

会社ノ母船ハ六月八日本島ニ着シ、同月十二日本島ヲ出帆シテ帰航セルヲ以テ、帰航後ノ漁況ハ詳カナラサレトモ、母船碇泊中ニ出漁セシニ、半日ニ八尺以上ノ牡十三頭（牝百頭ニ殆ント匹敵ス）ヲ捕獲セリ、此景況ニヨリ推測セハ、一日間ニ八尺以上ノ牡二三十頭ヲ獲ルニ難カラス

一海驢ノ年齢ト其大小形状及生殖ノ関係

二年生ノ牝ハ胚胎シテ居ラス、三年生ニ至リテハ胚胎ス、二年生ノ牡ハ丈五六尺即十分ニ成長サセル牝ト同一ノ大ニ達シ、八尺以上ノモノハ四五年ヲ経タルモノニシテ顔面恐偉ノ状ヲ呈ス

一会社ハ将来ノ繁殖ヲ顧リミルナク、恣ニ之レヲ漁獲セハ一ヶ年二千頭ヲ獲ルコトハ難キニアラサルモ、濫獲セル後ノコトナレハ、最初中井養三郎ヨリ申出タル如ク、八尺以上ノモノ五百頭、牝五十頭、生児五十頭ヲ以テ制限ト為シ居ルニ付キ、収支者償フ限リハ其制限ヲ破ラスシテ、繁殖ノ状況ニヨリテ漸次捕獲ヲ増加スルノ方法ヲ採リタル方ヲ得策ト認タリ

昨今年濫獲酷捕ノ影響ナルカ、西村白島ニ来ルコト前年両三頭ニ過キサリシカ、本年ハ数十頭ヲ見ルニ至レリ、之レ酷捕ノ為メ棲息所ヲ移転スルノ兆候ナリト認メラレ、倍ニ愛護スルノ必要ヲ認メリ

一許可前ノ捕獲品ノ引受ノ有無

捕獲品ハ一切引受タルモノナシ、但久見組井口組ノ漁具ノミヲ会社へ引受タリ

日本海々戦ニ関スル東郷聯合艦隊司令長官報告如左（海軍省）
其四　五月三十日午後着電
五月二十七日午後ヨリ翌二十八日ニ渉リ、沖ノ島付近ヨリ欝陵島附近マテノ海戦ヲ日本海ノ海戦ト呼称ス
其五　五月三十日午後着電
聯合艦隊ノ大部ハ先ニ電報シタル如ク、一昨二十八日竹島附近ニ於テ敗残敵艦隊ノ主力ヲ包囲攻撃シテ、其降服ヲ受け追撃ヲ休止シ、之カ処分ニ従事中午後三時頃、更ニ南西方向ニ敵艦アドミラル、ウシヤコフノ北走スルヲ発見シ、磐手八雲ハ直ニ之ヲ追撃シ、先ハ降服ヲ勧告セシモ、敵之ニ応セサリシ故、午後六時過止ヲ得ス之ヲ撃沈シ、其生存者三百余名ヲ救助収容セリ、又午後五時北西ニ敵艦ドミトリ、ドンスコイヲ発見シ、第四艦隊及第二駆逐隊之ニ追窮シ、日没ニ至ルマテ猛烈ニ砲撃セシモ、撃沈スルニ至ラス、夜ニ入リ第二駆逐隊モ之ヲ襲撃シ、其結果不明ナリシモ、昨朝ニ至リ第二駆逐隊ハドミトリ、ドンスコイノ欝陵島ノ東南岸ニ擱坐スルヲ発見シ、目下春日ト共ニ其処分中ナリ、又漣ハ一昨二十八日夕刻欝陵島ノ南方ニ於テ敵ノ駆逐艦ビエードウヰツチヲ捕獲セリ、同艦ハ二十七日ノ戦闘中沈没シタル敵ノ旗艦クンヤージ、スワロ

フヨリ敵艦隊司令長官ロゼストウエンスキー中将、エンクインスト少将及幕僚以下八十余名移乗シ居リシヲ以テ、悉ク之ヲ捕虜トセリ、右両将官ハ共ニ重傷ナリ、又千歳ハ一昨二十八日朝北航ノ途上敵ノ駆逐艦壱隻ヲ発見シテ之ヲ撃沈シ、新高及叢雲ハ同日正午頃竹邊湾附近ニテ敵ノ駆逐艦壱隻ヲ撃破シテ擱岸セシメタリトノ報告ニ接セリ、今迄ニ得タル諸報告及俘虜ノ言ヲ綜合スルニ、二十七日ヨリ二十八日ニ渉ルノ海戦ニ於テ撃沈シ得タル敵艦ハ、クニヨージ、スワロフ。アレキサンドル三世。ボロヂノ。ドミトリ。ドンスコイ。アドミラル、ナヒモフ。ウラジミル、モノマフ。セムチューグ。アドミラル、ウシヤコフ。仮装巡洋艦一隻、駆逐艦二隻ニシテ、捕獲艦ハニコライ一世。アリヨール。アドミラル、アブラキシン。アドミラル、セニヤウイン。ヴェトロナ、五隻ナリ（以下略）

○光栄アル竹島　明治三十八年六月一日大阪朝日新聞第八三五八号二頁　東京電話

リヤンコールド岩（一名竹島）ハ、往昔ヨリ無人ノ一島嶼ニシテ余リ世人ノ耳ニモ入ラサリシカ、該島ニハ海驢多ク産セシヨリ島根県民ハ屡該島ニ渡リテ之ヲ捕獲シ居レリ、然ルニ其所轄ハ是マテ何レトモ判明セサリシヨリ、本年二月内務省ハ初メテ之ヲ島根県所轄ト定メ、竹島ト命名シタリ、是レ鬱陵島の松島ニ対シテ称ケラレシナリトハ松永島根県知事ノ談ナリ、尚同県知事ハ計ラスモ今回ノ大海戦ニ際シ、此ノ一小島嶼カ東郷大将ニ由テ世界ニ照会サレタル光栄ヲ我カ島根県ノ光栄ナリトテ喜ヘリ

（葉書表面）

隠岐島廳
東文輔殿
竹島沖船中ニテ
松永武吉
随員
（印）「軍事郵便」
（印）「京都丸検閲済」

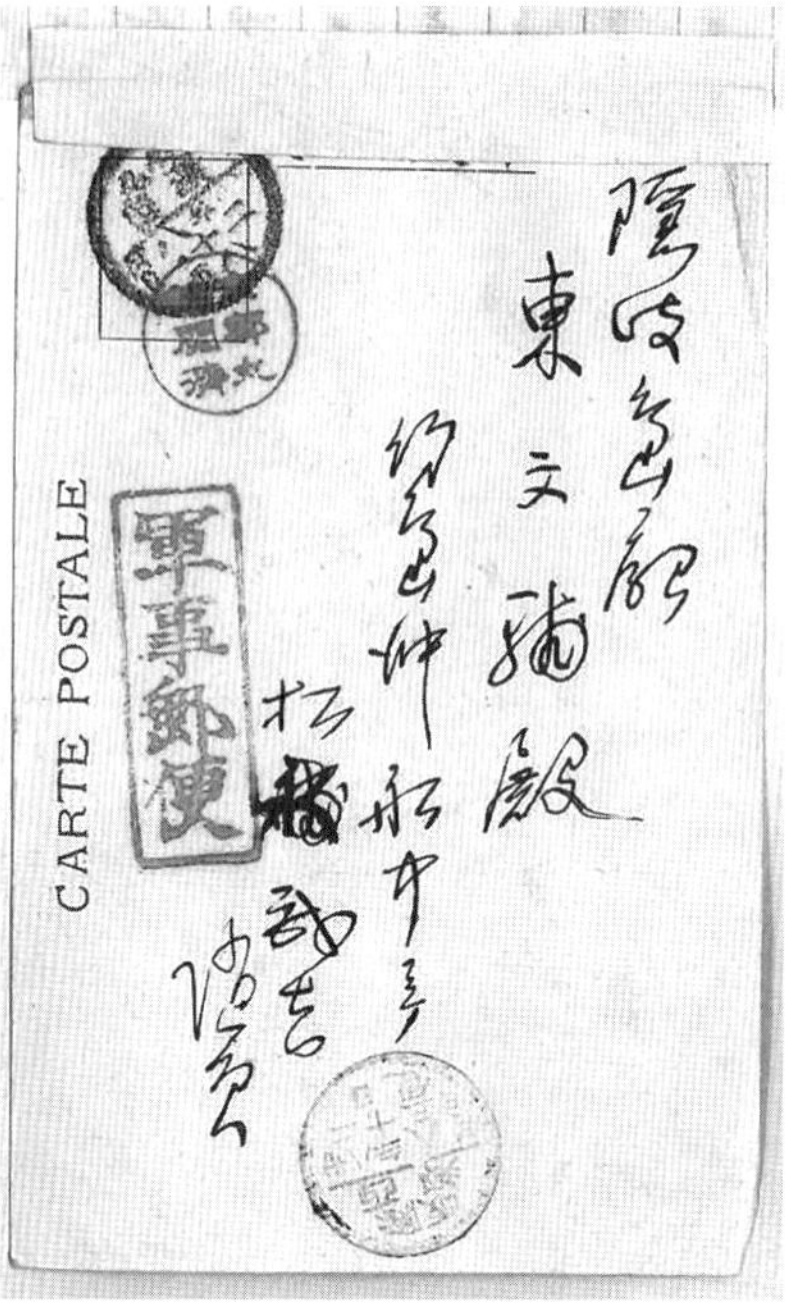

（葉書裏面）

明治三十八年八月十九日
新領土竹島ヲ巡視ス
お先ニ失敬御免
一行ハ
松永知事
佐藤警務長
藤田、大塚
〆四人ナリ

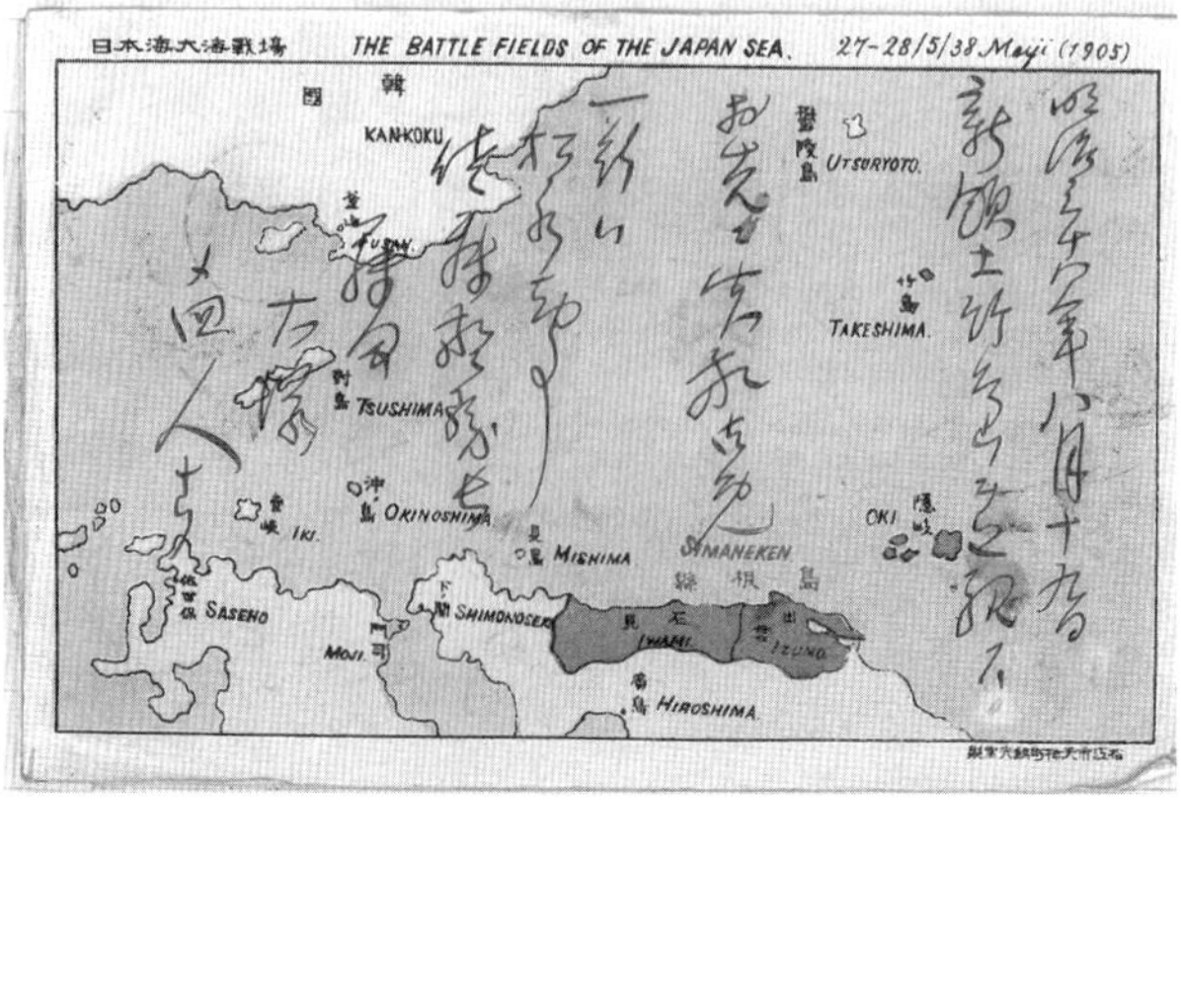

商第八八九号

竹島及鬱陵島視察調査事項ニ就キ、御意見之廉有之候ハヽ承知致度候間、御申報被成度、尚右件ニ付面議之必要有之候ハヽ、御出県被成候テモ差支無之、此段照会候也

明治三十八年八月廿四日

島根県第三部長

事務官　神西由太郎

隠岐島司　東　文輔殿

乙農第一六九号
商第八九九号ヲ以竹島及鬱陵島ノ視察調査事項ノ件ニ付云々御照会之趣了承致候、左記之扁々ハ可成調査相成候様致度見込ニ有之候、此状回答およひ候也

明治三十八年八月廿八日

隠岐島司　東　文輔

島根県第三部長　事務官　神西由太郎殿

竹島ニ対スルモノ

一、沿海潮流ノ状況緩急
二、恒風
三、海深底質漁礁ノ有無
四、磯モノヽ種類（魚介藻）
五、回遊魚ノ有無去就ノ状況期節
六、漁猟採収方法ノ見込
七、草木栽培ノ能否其種類

八、常住ヲ為スヘキ見込ノ有無、飲料水ノ有無良否

鬱陵島ニ対スルモノ

一、沿海潮流ノ状況緩急
二、恒風
三、海深底質漁礁ノ有無
四、磯モノヽ種々（魚介藻）
五、回遊魚ノ有無去就ノ状況期節
六、漁猟採収方法ノ見込
七、漁港及避難所ノ状況
八、農漁凡何戸位移住生活シ得ラルヘキ乎
九、農作物ノ種類、耕作ノ概略、借地ノ手続
一〇、煙草作付ノ能否
一一、造林ノ能否

（表紙）
「明治三拾八年分
（朱印）
「東」　竹島海驢漁業成績」

竹島漁猟合資会社営業成績略（明治三十八年分）

単ニ損益ノミヲ勘定セハ、本社本年ノ営業ハ必シモ失敗ヲ以テ論スヘカラサランモ、然カモ営業ノ大体ヲ通観セバ全ク失敗ニ帰セリトセサルヲ得ス
八尺以上ノ牡（塩皮一枚平均九貫目　油一頭ニ付キ弐箱（四斗））ヲ択ビ、其捕獲ヲ五百頭（塩皮約四千五百貫　油約壱千箱（二百石））以内ニ制シ、全島四分ノ一ヲ画シテ保護場トシ、保護場外ノ巡猟ヲ毎日弐回以下ニ限ラントスルハ、本社ノ竹島海驢ニ対スル蕃殖保護及ビ捕獲制限ノ方針ニシテ、資本ヲ充実ニシ設備ヲ完全ニシ、製造ヲ十分ニシ以テ利益ヲ増進セントスルハ、本社営業ノ素志タリシナリ、然而シテ本年ハ実ニ此方針素志ノ一ヲモ貫徹実行スルヲ得サリキ
本社ノ営業開始前、海驢カ将ニ群集セントスル尤モ大切ノ時期ニ際シ、多数ノ密猟者ガ極度ノ濫獲ヲ逞フシテ、痛ク海驢ヲ駆逐セシヲ以テ、竹島ニ於ケル本年海驢ノ群集ハ営業収支損益ノ関係上、保護場ヲ設ケ捕獲ヲ制限スル等本社ノ理想実行ノ余裕ヲ存セザリキ、本年漁場ニ於ケル人夫ノ怠慢及ビ其同盟罷業ハ畢意彼等カ本社ノ蕃殖保護

ヲ主トセル漁場規定ニ反対セシ結果タリシナリ、然レドモ海驢分娩期（六月中）ニ際シ、人夫等カ主トシテ牡ヲ捕獲シ、大ニ牝ノ捕獲ヲ節制シタルハ、本社カ僅カニ多トスルヲ得ル所ナリトス

彼ノ密猟者ニシテ漁業ノ許可ニ加ハリ、本社ニ入ルヲ得タルモノハ、本社ノ結社ニ際シ、或ハ其密猟ヲバ其侭本社ノ営業ト為シ、以テ彼等ガ密猟中ニ被リタル損害ヲ巧ニ本社ニ嫁セントシ、或ハ其密猟中ニ使ヒ古ルシタル器具物品ヲハ、新規購入ノ価格ヨリモ不廉ノ高価ヲ以テ本社ニ強売シ、拠テ以テ一方ニハ奇利ヲ搏シ、一方ニハ出資ノ負担ヲ遁レント企テ、或ハ事業ヲ各自別々ニ経営センコトヲ主張スル等、猟期ニ切迫シテ種々ノ紛擾ヲ醸シタルヲ以テ、本社ハ折合上予定ノ資本ヲ募リ、完全ノ設備ヲ為スコト能ハスシテ、営業上空シク多大ノ利益ヲ毀損遺棄シタリ、例ヲ挙クレハ資本少キ為メ及ビ密猟社員ノ密猟ノ損耗ヲ幾分補償センカ為メ、本社ハ別ニ母船ヲ備フルコトヲ為サスシテ、彼等ガ密猟中ニ使用シツヽアリタルモノヲ使用スルコトヽシタルニ、彼等ハ自私ノ用ヲ主トシ、若クハ中途運賃ノ増給ヲ強請スル等頻ル本社ノ運用ヲ阻碍シ、航海ヲ渋滞セシメタルヲ以テ、漁場ニ在テハ度々日用必需ノ材料欠乏ニ困頓セリ、即チ六七月ノ交ハ燃料ニ欠乏ヲ告ゲ、一頭平均一箱（弐斗）余ノ油ヲ採製シ得ラルヽ

尤モ肥満（海驢ハ交尾ノ前後ニ於テ大ニ肥痩ヲ異ニス、而シ交尾ハ六月末牝ノ分娩後ヨリ開始シテ離散期ニ至ル）セル海驢約百九十頭分ノ脂肪ヲバ尽ク腐敗セシメ、僅カニ半価ヲ保テル悪質油五十余箱ヲ採製セシノミニテ空シク遺棄シタリ、又タ七月十日、人夫ノ同盟罷業ヲ鎮メ、更ニ奨励ヲ加ヘタル結果、総員大ニ奮励シ捕獲額頓ニ増進セルニ際シ、其十四日ニ至リ食塩ニ欠乏ヲ告ゲ、徒ニ捕獲ヲ休止セザルヲ得ザルニ至リタリ、事情此ノ如クナリシヲ以テ、肉骨等ニ至テハ幾分ヲモ採製スルコト能ハズ、概シテ遺棄シタリ、試ニ欺ノ如キ本社ノ損害ヲ計算セバ裕ニ弐千円以上ニ達スルナリ

本社ハ如上ノ失敗ヲ為シタル上、更ニ製品ノ販売ヲモ誤レリ、即チ本社ガ去ル八月中弐千余貫ノ塩皮ヲ大阪ニ輸送シテ其販売ニ着手スルヤ、恰カモ彼ノ密猟者等ノ品ガ彼地多数ノ依托販売業者ノ手ニ分レテ販売サレタル時ニ会セリ、彼地有名ノ販売業者住源事楫西源造ハ、海驢皮販売ヲ一手ニ掌握センガ為メノ商略トシテ、牝皮百磅拾五円以上ヲ保テル市価ヲ、故ラニ拾円前後ニ売崩シ居レリ、本社ハ欺ル商略ニ殉スルコト能ハザルヲ以テ暫時販売ヲ躊躇シ、徐ニ市価ノ回復ヲ待チツヽアリタルニ、端無クモ平和談判ノ影響ヲ受ケ市価ノ暴落ニ遭ヒ、全ク販売ノ機会ヲ亡失セリ、今日強テ大阪ニ於テ販売セバ、本社ハ営業純益ノ大部分ヲ喪ハサルヲ得ス、然レトモ本社ハ別ニ一

ノ新販路ヲ発見セリ、此新販路ニ就テ今日マデニ本社ガ遂ゲタル調査ニシテ幸ニ大ナル誤ナクンバ、大阪ニ於ケル販売上ノ失敗ヲ償フテ余アルナリ、而シテ本社ハ頼テ以テ将来予定ノ如ク資本ヲ充実シ設備ヲ完成シテ営業ヲ発展シ得ルナリ、今ヤ本社ハ将ニ此新販路ニ向テ為ス所アラントス、其結果ハ単ニ本社本年ノ営業ノ成敗ヲ決スルノミナラズ、実ニ本社永久ノ運命ニ関スルナリ

明治参拾八年十月三十日

竹島漁猟合資会社代表社員

中井養三郎　草

営業損益仮勘定

一、出損額　金弐千九百九拾六円五拾七銭九厘也
一、収益額　金七百五拾参円拾八銭五厘也
一、差引負債額　金弐千弐百四拾参円参拾九銭四厘也
（朱書）「甲種勘定」
一、売捌未済物品見積価格　金弐千七百参拾五円弐拾壱銭参厘也
一、見積純益額　金四百九拾壱円八拾壱銭九厘也
（朱書）「乙種勘定」
一、売捌未済物品見積価格　金四千九百七拾九円拾弐銭也
一、見積純益額　金弐千七百参拾五円七拾弐銭六厘也

但シ甲種勘定ハ売捌未済ノ海驢皮販売ヲ大阪ニ於テスル予算ニシテ、乙種勘定ハ新販路ニ於テスル予算ナリ、其内訳左ノ如シ

売捌未済物品見積価格内訳

（朱書）「甲種」
一金四百六拾九円拾弐銭也　売捌未済油及ビ肥料見積代金

一金千七百七拾壱円参拾銭也　同上牡皮五百参拾壱枚同上

（此量三千〇参拾六貫五百弐拾目
手取単価百磅七円ノ割）

一金四百九拾四円七拾九銭参厘也　同上　牝皮弐百六拾参枚
仔皮壱百〇八枚　同上

（此量計五百九十九貫百三十七目
手取単価百磅九円ノ割）

（朱書）「甲種」（朱書）
「計金弐千七百参拾五円弐拾壱銭参厘」

（朱書）「乙種」
一金四百六拾九円拾弐銭也　売捌未済油及ビ肥料見積代金

一金四千五百拾円也　同上　牡皮・牝皮・仔皮計九百〇弐枚同上

（本社調査ノ結果ニ拠レバ平均一枚牡皮十円牝皮五円ナレドモ仮ニ総平均五円ノ割トス）

（朱書）「乙種」（朱書）
「計金四千九百七拾九円拾弐銭也」

因ニ記ス

本社ノ予定即チ登記資本額ハ参千円ナレドモ、実際社員ノ払込ヲ得タル金額ハ僅カニ八百円ナリトス、今之ヲ前記負債額ニ対照スレバ、実ニ千四百四拾参円参拾九銭四厘ノ不足ヲ生セリ、此不足額ハ本社ノ払込資本以外ノ一時借入金ニシテ、一二社員ガ営業持続ノ為メニ惨怛タル苦心ヲ以テ融通ヲ遂ゲタルモノナリトス

以上

⑨（表紙）

竹島経営者　中井養三郎氏立志傳
明治三十九年
奥原碧雲

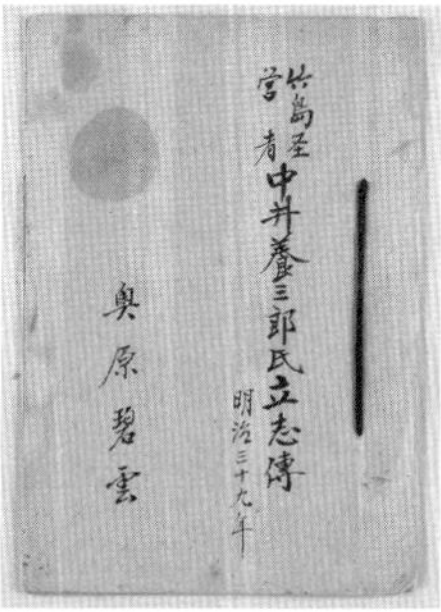

『竹島経営者中井養三郎氏立志傳』凡例

史料の翻刻にあたっては、以下のように取り扱った。

一　漢字は原則として常用漢字とした。

二　この史料は原稿であるため、推敲された文字や文章の書き足し、書き直しは訂正後のものを採用した。

三　破損等で判読できない文字については□で示した。

四　誤字と思われる場合、右傍に（　）で正しい文字を示し、推測できるものは（―カ）とした。

五　ふりがなについては原史料のままとした。

（本文）

（原稿端書）「成功寄稿」

竹島経営者　中井養三郎氏立志傳

奥　原　碧　雲

三百年来鎖国の余習深く膏盲《こーこー》に入りて、武陵桃源の宿夢なほ未だ全く醒めず、蒼海の遺利は、空しく外人の蹂躙に委して顧みず、僅に沿海数里の海上を舞台として、みたりに神仏の加護をたのみ、罟網を張りて魚族の来集を万一に僥倖するが如き、実に海国男児の恥辱にあらずや、この時にあたり、狂瀾怒涛を叱咤して、魚族の根拠地に侵□□□□万里の異域に遠征を企て、或は海底千仞の深潭□□□□探らんとす、未だ成功の域に達する能はずといへども聊か戦捷進取の国民として意を強うするに足る、山陰の快男児中井養三郎氏の如きその一人といふべし。

氏は元治元年正月二十八日伯耆国東伯郡（旧久米郡）小

鴨村大字中河原に生る、父を甚六（今は亡し）といひ、母をウラ（同郡安田村河本久次郎の姉）といふ、氏はその次男にして、長兄を喜七郎といひ、家業を継続して醸造業に従事せり。

養三郎氏は、明治十一年下田中小学校を卒業してより、松江に遊学し、碩儒内村友輔翁の門に入りて、漢学を修むること多年、明治十八年終に笈を負うて東都に遊び、斯文黌に入ることとなりぬ、久しく山陰僻陬の地に生長して、社会の風潮に遠かりし青年が、一たび活動の中心たる東都に入るや、見るもの聞くもの皆刺撃の衝点たらざるはなく、果然、氏が思想界に一大激変を生ずるに至りぬ、多年心血を注ぎて学習せし漢学は、因循固陋にして、今後の活社会に立ちて、大飛躍を試むるには、あまりに迂遠に、あまり姑息なりとし、苟くも学を以て世に立つ、須らく英学を研究せざるべからず、しかも、齢大におくれたり、今よ

□□□□めて英学を修むるは、可惜有為の時期を空しうす□□あ□男子学を修むる畢竟事を成さんかためのみ、修学のため成業の機会を逸するは愚の極なりと、梓弓ひきて帰らぬ青年の血気、羈絆をはなれし悍馬の如く、翌十九年（二十三歳の時）断然学を廃して、「人間到処有青山、埋骨何限故郷地」と放吟して、海外万里の波上に遺利を探らんと決心するに至りぬ、事頗る無謀の挙に似たりといへども、また以て、氏が特性を発現せるものといはざるべからず。

爾来、種々の冒険的探検事業を企図し、或は小笠原島に利源を探り、或は渡米を企てたりしが、遂に明治二十年かの筑波艦に便乗して南洋探検をなしたる志賀重昂氏と濠州視察を企図し、父兄の同意を得て、数千円の旅費を獲、渡航の準備中、長崎にて笠千里なる悪漢の手にかかりて、旅費全部を巻き上げられ、進退ここに窮まりて、空しく長崎の近傍松島に籠居中、露領浦汐斯徳に海

鼠の蓄殖豊富なるを探知して、これが潜水器採取を企画
し、明治二十一年実弟嘉造氏と計り、調査費運動費に鉅額の資
金を投じて、漸くにして創業の運びに到れり。
かくて、長崎の潜水器業者が浦汐斯徳の海鼠採取の非常に有望なることを探知する
や、明治二十三年頃より、激烈なる
□□□□し、中井氏は僅に杉浦商店（浦港第一の日本商店）の後援を
□□るのみにて、二橋（謙）貿易事務官以下在留日本人の
多数を敵として奮闘し、常に優勝の地位を占めしが、結局
二橋事務官の取扱にて、抽籤を行ふこととなり、その結果
また全勝を占むるに至りしも、二橋氏が間もなく、抽籤の効力
を無効に帰せしめし結果、氏の事業は一大打撃を被り、弟嘉造氏の
相続せる亡叔父の遺産全部を喪失するの不幸に陥りた
り、既にして、露国地方庁は、海鼠採取の有利なること、及び
潜水器漁業の有害なることを知り、間もなく、日本人の海鼠
採取、潜水器漁業を厳禁することとなり、双方の計画はた

めに画餅に帰したり。

明治二十五年、氏は浦汐斯徳蹉跌の残物を収めて、朝鮮全羅忠清地方の沿海を探険し、潜水器を携へて彷徨せしも、格別得る処なかりき。

勇敢進取の気象に富みたる海国の快男児中井氏は、蹉跌に蹉跌を重ね、失敗に失敗を重ねて、今や而立の齢に至り、未た成業の緒をだに見出すこと能はずして、空しく故郷に帰るの已むを得ざるに至りしは明治二十六年にして氏の胸中実に察するに余ありしなり、かくて、帰郷後は、郷里沿海の海底を調査し、必ず海鼠の棲息することを確信し、知己親友の□□□□熱心なる忠告を排して、断然九州地方より漁夫を□□入れ試験の結果好成績を得て、いよいよ資金を投じて、明治二十七八年より三十年頃にかけて伯州御来屋を本拠として隠岐、石見の沿海に及ぼし

海鼠採

取潜水器漁業を営み、数多の潜水夫を使役して、盛に事業

を拡張し、当時の長崎商報をして、伯州産海参なる名目の下に相場を掲載せしむるに至れり。

明治三十一年島根県並に隠岐島庁より補助金を得て、巾着網試験事業を引きうけ、ある事情よりして、一時潜水器漁業を中止して、小山正光、谷尾範吾等の諸先輩の賛助を得て、北冥社を組織し、盛に漁業を営まんとせしが、種々なる紛擾のため、遂に成功を見るに至らずして、氏は社員の排斥をうけ、結局潜水器漁業に依りて得たる多少の蓄積を蕩尽し、剰へ、世間の信用を失し、爾来蹉跌に蹉跌を重ねて、幾多の負債を生じ、大に困難の状態に陥るに至れり。

一難を排し、一艱を経る毎に、志いよいよ堅く、勇往邁進海上の遺利に注目せる氏は、再三再四の挫折に遭ひて、なほ志を屈せず、居を隠岐国西郷に移し、(現在居住地)千辛万苦新事業の企図に奔走中、潜水器漁業者よりリヤンコ島に海驢《あじか》の群集せるを聞き、氏が欝勃た海国的企図は、再び海驢漁業に向って傾注せらるるに至れり。

リヤンコ島とは、リアンコール島の転訛にして、二百五十年以前より隠岐の漁人に発見せられ、爾来松島の名を以て沿海地方の人に知られしが、海軍水路部の調査によりて、欝陵島一名松島とせられし以来、リアンコール岩と称せられたる絶海の岩島なり、北緯三十七度九分三十秒、東経百三十一度五十五分〇秒に位し、隠岐島の西北八十五浬、欝陵島の東南五十五浬、日本海の中心にある岩嶼にして、東西の二岩嶼及び幾十の小礁より成り、西嶼は海抜三百八十一尺周囲十五町許、東嶼は海抜二百二十六尺周囲拾町余、全島火成岩より成り、半腹以上は、僅に軽土を被り、雑草の生ずるのみにて、一の樹木を生せず、沿岸は断崖絶壁にして、両嶼相対する処、東嶼に狭小なる砂礫地ありて、仮住の猟小屋を建築するを得るのみ、全嶼飲料水なく、作物なく、古来無人の岩嶼なりしか、明治三十八年二月竹島と命名して島根県の領土に編入せられ、仝年五月二十八日、日本海海戦に際し、東郷提督の公報によりて、竹島の名は全世界に喧伝せらるるに至れり。

敗軍の将兵を談ぜざること数年、満腔の企業熱は欝勃として禁ずる能はず、遂に明治三十六年氏は再びリアンコ島海驢捕獲業を企図せり、然るに、友人知己皆これを不可とし、ことに真野哲太郎氏の如き、大にその不可を鳴らし、隠岐国島前より、先はこの業に従事せんとして失敗せし歴史をひきて、熱心に忠告する処ありしも、氏の決心は牢乎として動かすべからず、明治三十六年五月意気相投合せる小原、島谷権蔵の両氏をリャンコ島に渡航せしめたり、両氏は崛強の健児八名とともに、巾八尺長四間の漁舟に搭じ、北海の洪波を蹴破りて、同島に着し、はじめて日章旗を岩頭に翻し、島谷氏は有望なる報告を齎らして、一先帰航せり。

されど、銃器火薬その他猟具の準備不完全なりしため、同年は十分の成功を見ずして帰

国
し、翌年の漁期を待ちて、一大雄飛を試みんと計画せり、実
にリャンコ島は、日本海中における海驢の群集地にして、毎
年五月頃より七八月頃に至るの間、幾千万の海驢分娩交
尾のため、同島に群集し、岩頭全く海驢群を以ておほはる
るの壮観を呈せり。
氏は、心ひそかに翌年の成功を期しつつ、秘密に準備に着
手せしが、股肱の健児小原氏は予備召集に応じて出征の途に
上り、島谷氏は病魔に斃れ、事業上大に頓挫を生ぜしも、氏
は屈することなく、自ら幾多の漁夫を率ゐて渡島せり、しかるに、仝業
の有望
なるを探知するや、石橋松太郎、井口龍太、加藤重蔵諸氏の
有力なる競争者あらはれ、競争濫獲の弊を生じ、海驢漁業
は数年ならずして絶滅せんことを憂ひ、猟区貸下、制限捕
獲の必要を感じ、加ふるに、海図によれば、仝島は朝鮮の叛(版)

図に属するを以て、一旦外人の来襲に遭ふも、これが保護をうくるの道なきを以て、かかる事業に向って資本を投するの頗る危険なるを察し、同島貸下を朝鮮政府に請願して、一手に漁猟権を占有せんと決心し、仝年の漁期終るや、一櫂(攫カ)万金の夢を懐にして上京の途に上れり。

氏はまづ隠岐出身なる農商務省水産局員藤田勘太郎氏に図り、牧水産局長に面会して陳述する処ありき、仝氏もこの挙を賛成し、先づ海軍水路部につきて、リャンコ島の所属を確かめしむ、氏は即ち肝付水路部長に面会して、教を請ふや、同島の所属は確乎たる徴証なく、ことに日韓両国よりの距離を測定すれば、日本の方十浬の近距離にあり（出雲国多古鼻より百〇八浬、朝鮮国リッドネル岬より百十八浬）加ふるに、朝鮮人にして従来同島経営に関する形迹なきに反し、本邦人にして既に同島経営に従事せるものある以上は、当然日本領土に編入すべきものなりとの説を聞き、勇躍奮起、遂に意を決して、リャンコ島領土編入並に貸下願を内務外務農商務三大臣に提出するに至れり。

かくて、内務省地方局に出頭して、陳述する処ありしも同局に於ては、目下日露両国開戦中なれば、外交上領土編入はその時機にあらず、願書は地方庁に却下すべき旨を通ぜらる、氏はやむを得ず、再びこれを牧水産局長にはかる処ありしも、外交上の事とあれば如何ともすること能はずとの言に、失望落胆、空しく不遇をかこつのみなりき、時恰も地方官会議に列席のため、井原島根県知事は農商主任たる県属藤田幸年氏を随ひて上京中なりしかば、氏の活路をここに求めて、藤田氏を旅館に訪ひてこれを図る、仝氏も大に賛成して地方局に向って具申すべきことを約せらる、然るに地方局の意見前述の如く、藤田氏も到底成功の見込なきを以て、帰国して時機をまつの外なき旨を以てせり。

今や将来有望の事業を目前に控へて、所属不明のために

みすみす経営の時期を失し、剰へ濫獲数年に亘らば同業
の前途頗る寒心すべきをおもへば、氏の胸中実に察する
に余ありしなり、されど男児一たび志を決す、百
難を排除するの決心なかるべからずと、同郷出身の桑田
熊蔵氏（現今貴族院多額納税議員たり）にこれを図る、桑田
博士即ち書を裁して、氏を山座政務局長に紹介す、氏は山
座局長に面会して、リャンコ島経営につきて意見を陳述し、
熱誠面に溢れ、しかも毅然として決する処あるが如し。局長はおもむろに聴き終りて、
外交上のこ
とは他者の関知する処にあらず、眇たる岩島編入の如き
些々たる小事件のみ、地勢上より見るも歴史上より見る
も、はたまた時局上より見るも今日領土編入は大に利益
あるを認むる旨を漏されたり。
ここに於て、氏は桑田氏と同行して内務省にいたり、井上書記官
に面会して、事情を陳述し、遂に同省の同意を得て閣議に

上り、明治三十八年二月二十二日島根県告示第四〇号を以て、同県の領土に編入し、竹島と命名せられたり。

中井氏は、一旦帰国して徐ろに計画する処ありしが、いよいよ領土編入の件発表せられ漁猟地貸下につきて島根の所管となりしかば、競争者続出し、前記数名の外、幾多の出願者を生じ、同県庁に於てもその採択に困しみ、しかば、中井氏は、橋岡友次郎、井口龍太、加藤重蔵三氏と協同して竹島漁猟合資会社を組織し、全島海驢漁猟を出願し、同年六月五日、松永島根県知事より許可を得て、同島の海驢漁猟権は中井氏外三氏の占有に帰し、幼児を保護し、捕獲頭数を制限して将来の計画を立て、海上における多年の経験と、海驢捕獲に関する数年来の実験とによりて、本年より同島経営に向って全力を傾注せんとしつつあり、また海国の偉丈夫といふべきなり。

余、今春竹島視察一行に加はり、一夕中井氏と会談し、苦心惨憺たる氏の経歴談をききて、感興禁ずる能はず、隠岐丸甲板上手を握りて、その成功を祈りたる時を想見し、帰来先筆を呵して本篇を草しぬ。

明治三十九年五月二十日

おわりに

私は、豊かな自然と文化・歴史が息づく島根県隠岐の西郷町に生まれ、特に小学校高学年の二人の担任の先生から強い影響を受け、社会科（特に歴史）とクラシック音楽が好きになりました。その歴史好きが高じ、また多くの良き師や良き友との邂逅を重ねながら、歴史学を専門とする研究と教育に携わる教師の道を自らの天職と信じて現在に至っています。

竹島は島根県が所管する島嶼であり、西郷港にほど近い中町目貫に生まれ育った歴史好きな少年にとって、その竹島は港近くの住宅壁面の「帰れ、島と海」の掲示とともに「身近な存在」として強く心に刻み込まれています。

県立大社高校に勤務していた時、島根県が再び本格的に「竹島問題」に取り組むことになって以来、新設された島根県竹島問題研究会委員を務め、私と「ふるさと隠岐」の竹島との直接的なご縁が本格的に始まりました。現在も、島根県竹島問題研究顧問の一人として、「竹島問題」は私の後半生の大きな任務の一つとなりました。この「領土問題」の解決のために尽力された先輩諸氏に思いをはせつつ、その思いを引き継ぎ、微力ながら私の専門分野での関わりを持ち続けていきたいと思っています。

今回のブックレット発刊について、島根県総務部総務課竹島対策室および島根県竹島資料室の皆さんには今回のブックレット編集に関して大変にお世話になりました。皆さんの温かいご支援に心から感謝申し上げます。

終わりに、この小冊子が「竹島を心に刻む」際の一助として広く、長く利活用されることを願って、筆を置くこととといたします。


二〇二二（令和四）年二月二十二日　一七回目の「竹島の日」に

佐々木　茂

日韓両国の竹島領有権主張の根拠

《日本側主張》

権原	年代	日本側主張	韓国側の反論
歴史的権原	17〜19世紀	(1) 17世紀に米子の町人が幕府公認の下で竹島を魚採地として利用していた。遅くとも17世紀半ばには領有権を確立した。鎖国令との関係からも外国領と認識されていなかったことがわかる。 (2) 17世紀末に鬱陵島で日朝両国民の漁業問題が発生した(元禄竹島一件)後、幕府は鬱陵島への渡航を禁止した。 しかし、竹島への渡航は禁じなかったことから日本が竹島を自国領と考えていたことが明らかである。	渡海免許はむしろ日本領土として認識していなかったことを裏付ける。 鳥取藩は幕府の質問に鬱陵島と独島が自藩所属でないと回答した。 独島は鬱陵島の付属の島嶼なので鬱陵島渡海禁止には独島も含まれていた。
国際法上の権原	1905年以降	(3) 竹島であしか猟を営む中井養三郎氏が提出した領土編入・貸下願を契機として、 政府は1905年1月の閣議決定をもって竹島を日本に編入し、領有意思を再確認した。 名称、所管は同年2月22日島根県知事により告示された。 (4) 所管が定まったことを受け、島根県知事は、竹島を官有地台帳に登録するとともに、あしか猟業を許可制にした。あしか猟業は1941年まで続いており、継続的に支配権を行使していた。	日本は帝国主義的侵略の過程で発生した日露戦争中に、無主地先占の法理に基づいて独島を侵奪した。 これは確立していた独島に対する韓国の領有権への侵害に当たり、不法かつ国際法的にも効力のない行為である。
第二次大戦後の処理	戦後	(5) 1952年4月発効のサンフランシスコ平和条約で日本は「済州島、巨文島及び鬱陵島を含む朝鮮」を放棄した。 条約成立過程で韓国は同条項の規定に「独島」を加えることを起草者である米国に要請したが、米国は、「竹島は朝鮮の領土として扱われたことがなく、1905年から隠岐支庁の管轄にある」として拒否した(いわゆるラスク書簡)。このことから、竹島が平和条約で日本の領土とされたことは明らかである。 (6) 1952年1月韓国が「李承晩ライン」を設定し、竹島をその中に取り込んだ。日本は同年2月韓国の領有主張を認めないと抗議した。 日本は1954年、1962年、2012年に紛争の国際司法裁判所付託を提案したが韓国は応じていない。日本は韓国の不法占拠、各種措置に抗議を重ねている。	独島は日本が暴力・貪欲で略取した地域から駆逐されるというカイロ宣言により韓国領になった。 SCAPIN 第677号により日本の統治範囲から除外され、このことは平和条約でも再確認された。 独島は鬱陵島の属島なので、日本が放棄した鬱陵島に含まれる。 韓国固有の領土である独島をめぐり紛争は存在せず、司法的解決の対象にならない。

《韓国側主張》

権原	年代	韓国側主張	日本側の反論
歴史的権原	15～19世紀	(1) 15世紀の『世宗実録』地理志に、于山(独島)・武陵(鬱陵)…二つの島が互いに眺めることができると書いてある。鬱陵島の住民は独島を鬱陵島に属すると認識していた。 16世紀から20世紀初頭にいたる官撰文献にも于山島(独島)が記されており、持続的に韓国の領土であった。	韓国の古文献の中にある于山島の記述は鬱陵島を想起させる。18世紀以降の韓国文献の記述は17世紀末に来日した安龍福の信憑性の低い供述を無批判に取り入れたものと考えられる。
		(2) 17世紀末の竹島(鬱陵島)をめぐるいわゆる「元禄竹島一件」の結果、幕府が日本人の鬱陵島への渡航を禁止することで独島の帰属問題が決着した。 明治10年に日本の太政官は竹島外一島(鬱陵島と独島)が日本とは関係ないと指令を発した。これらは、独島が日本の領土でないことを日本が認めた証拠である。	17世紀末の日朝交渉後も竹島への渡航は禁じられなかった。日本領と考えていたことが明らかである。 明治10年の太政官の決定は鬱陵島に関するものと考えられる。
国際法上の権原	1900年以降	(3) 大韓帝国(韓国)は1900年の勅令第41号で石島(独島)を鬱島郡の管轄下とすることで自国の領土であることを明確にした。 1906年韓国政府は独島が日本に領土編入されたとの報告を受け、調査を命じる指令第3号を発した。 これは大韓帝国が独島を領土として認識・統治していたことを示す。	石島が竹島であるなら、なぜ勅令で「独島」や「于山島」の名称が使われなかったのか疑問が生じる。 勅令公布前後に韓国が竹島を実効的に支配してきた事実はなく、韓国の領有権は確立していなかった。
第二次大戦後の処理	戦後	(4) 終戦と同時に、日本が暴力と貪欲により略取した地域から駆逐されるとしたカイロ宣言により、独島は大韓民国の領土となった。 連合国軍総司令部覚書(SCAPIN)第677号により、独島は日本の統治・行政の範囲から除外されたが、このことはサンフランシスコ平和条約でも再確認された。	SCAPIN 第677号には、日本の諸島の最終的決定に関する連合国の政策を示すものでないとあった。 日本の領土を確定したのは平和条約であり、平和条約では日本領であることが肯定された。
		(5) 現在に至るまで独島を実効支配してきた。このような事実に照らし、独島に対する地理的、歴史的、国際法的に確立された領有権は、現在まで中断なく受け継がれてきた。	国際法上根拠のない不法占拠であり、韓国が竹島に対して行う措置は法的正当性を有しない。

(塚本孝・平成20年度「竹島を学ぶ」講座第5回配布資料を基に作成)

「竹島」の島名の変遷について

現在の島名

朝鮮半島　―　**鬱陵島**　―　**竹島**　―　隠岐諸島　―　日本本土

現在の竹島は、江戸時代には「松島」と呼ばれていた。また、鬱陵島は日本では「竹島」・「磯竹島」と呼ばれていた。江戸時代の「竹島一件」と呼ばれる領土にかかわる紛争の「竹島」とは、現在の鬱陵島をめぐるものであった。

現在の竹島をさす当時の「松島」の記載は、鳥取藩の記録や米子の商人であった大谷・村川両家の記録、長久保赤水「改正日本輿地路程全図」など当時の日本地図にもみられ、日本では隠岐諸島に近い北西の島が「松島」で、さらに北西にある島を「竹島」と正確に認識していた。しかし、日本が経緯度を記載した西洋地図を導入し始める幕末から、島名の混乱が生じることになる。

18世紀後半、フランスの探検家ラ・ペルーズの艦隊が鬱陵島を「発見」し、第一発見者の乗員の名前に因んで「ダジュレー島」と命名された。また、イギリスの探検家コルネットが鬱陵島を「発見」して、乗船していた艦名から「アルゴノート島」と命名された。

日本地図に出てくる「竹島（現・鬱陵島）と松島（現・竹島）」を、島の経緯度から、「竹島」を「アルゴノート島」（架空の島）、「松島」を「ダジュレー島」（鬱陵島）とした。

長崎出島のオランダ商館の医師シーボルトがオランダに持ち帰った長久保赤水「改正日本輿地路程全図」などの日本地図に描かれている日本海の「竹島」、「松島」を見て、アルゴノート島に「竹島」、ダジュレー島に「松島」の島名を付与し、1840年に「日本図」を作製した。

この二つの島は、測量の関係で異なる経緯度とされたが、どちらも鬱陵島のことだった。その結果、西洋の地図上では鬱陵島が二つ描かれることになった。しかし、最終的にはアルゴノート島が架空の島と判明した。

現在の竹島が西洋地図に記載されるのは、1849年にフランスの捕鯨船リアンクール号によって「発見」され、「**リアンクール岩（列岩）**」と命名され、本国に報告して以降のことである。

19世紀後半には、ロシア軍艦パルラダ号が現在の竹島を測定し、「オリウツ礁（岩）」「メネライ礁（岩）」と命名された。また、イギリスの中国艦隊所属のホーネット号も竹島を測量して、「ホーネット島」と命名している。

1860年代のイギリス製の海図を見ると、3島が併記された。

朝鮮半島　―　**アルゴノート島**　―　**ダジュレー島**　―　**リアンクール岩**　―　隠岐諸島　―　日本本土
竹島（架空の島）　松島（鬱陵島）

明治維新後、欧米で作製された西洋地図の「リアンクール岩」の日本名がないため、日本人は島名をそのまま「**リャンコ島**」と呼んだ。

朝鮮半島　―　**ダジュレー島**　―　**リアンクール岩**　―　隠岐諸島　―　日本本土
松島（鬱陵島）　**リャンコ島**

明治前期・中期の政府刊行の官製地図には、西洋地図の影響を受けて、現在の鬱陵島を「松島」、現在の竹島を「**リアンコールト岩**」と記載された。

朝鮮半島　―　**松島**（鬱陵島）　―　**リアンコールト岩**　―　隠岐諸島　―　日本本土
リャンコ島

1905年の領土編入に際し、島根県の照会に対する隠岐島庁の見解（隠岐島司・東文輔からの答申）を受けて、リャンコ島は正式に「**竹島**」と命名された。

朝鮮半島　―　**松島**（鬱陵島）　―　**竹島**　―　隠岐諸島　―　日本本土

（『竹島問題100問100答』Q58等 より）

知っておくべき竹島の真実

安龍福の供述と竹島問題

下條正男 著

竹島問題を理解するための入門編として最適なブックレットシリーズ第1弾。日本と韓国の歴史認識の相違の端緒ともいえる、安龍福という人物の供述を検証することで本当の歴史認識を考えます。

ISBN978-4-86456-220-1
C0021　¥500E
定価：本体500円＋税

知っておくべき竹島の真実②

韓国の竹島教育の現状とその問題点

下條正男 著

ISBN978-4-86456-291-1
C0021　¥800E
定価：本体800円＋税

知っておくべき竹島の真実③

竹島問題と国際法

中野徹也 著

ISBN978-4-86456-294-2
C0021　¥600E
定価：本体600円＋税

知っておくべき竹島の真実④

日韓の中学生が竹島（独島）問題で考えるべきこと

下條正男 著

ISBN978-4-86456-340-6
C0021　¥800E
定価：本体800円＋税

【編著者プロフィール】

佐々木　茂

専門：日本近代史。歴史教育論／島根大学嘱託講師。松徳学院高校講師（非）／1953（昭和28）年、隠岐郡隠岐の島町生まれ。中央大学卒業後、島根県の公立学校教員に採用され、県立横田高校に勤務。この間に広島大学大学院に内地留学。また、国際歴史学会議モントリオール大会に出席。その後、県立松江教育センター指導主事兼班長を務める。県立松江東高校を退職後、松徳学院高校に勤務／日本歴史学協会、全国社会科教育学会会員等／第１期～第５期島根県竹島問題研究会委員、第２期以降は同研究会副座長。また、島根県竹島問題研究顧問を務める／著書・論文等：『日本史教育における造形と色彩』（共著）、『地理歴史教育実践選集第13巻』（共著）。「幕末・維新期における島根の政情」、「「竹島」問題発生以降の島根県の動向」、「領土編入に関わる諸問題と資・史料」他

資料が語る「竹島問題」

二〇二二年三月三十一日　初版発行

編著者　佐々木　茂

発行　第五期島根県竹島問題研究会

販売　ハーベスト出版
〒六九〇－〇一三三
島根県松江市東長江町九〇二－五九
ＴＥＬ　〇八五二－三六－九〇五九
ＦＡＸ　〇八五二－三六－五八八九

印刷・製本　株式会社谷口印刷

落丁本、乱丁本はお取替えいたします。

Printed in Japan
ISBN978-4-86456-413-7 C0021